金融法理论与实务研究

荣冀川　韩　啸　李文洁◎著

中国出版集团
中国民主法制出版社 | 全国百佳图书出版单位

图书在版编目（CIP）数据

金融法理论与实务研究 / 荣冀川，韩啸，李文洁著
. — 北京：中国民主法制出版社，2023.6
ISBN 978-7-5162-3252-1

Ⅰ. ①金… Ⅱ. ①荣… ②韩… ③李… Ⅲ. ①金融法
– 研究 – 中国 Ⅳ. ① D922.280.4

中国国家版本馆 CIP 数据核字 (2023) 第 096581 号

图书出品人：刘海涛
出 版 统 筹：石　松
责 任 编 辑：刘险涛

书　　名／金融法理论与实务研究
作　　者／荣冀川　韩　啸　李文洁　著

出版·发行／中国民主法制出版社
地址／北京市丰台区右安门外玉林里 7 号（100069）
电话／（010）63055259（总编室）　63058068　63057714（营销中心）
传真／（010）63055259
http: //www.npcpub.com
E-mail: mzfz@npcpub.com
经销／新华书店
开本／ 16 开　787 毫米 ×1092 毫米
印张／ 12.25　**字数**／ 236 千字
版本／ 2023 年 6 月第 1 版　2023 年 6 月第 1 次印刷
印刷／廊坊市源鹏印务有限公司

书号／ ISBN 978-7-5162-3252-1
定价／ 68.00 元

前言

制度是人际交往的规则，其核心功能在于降低交易费用并帮助人们在交易中形成合理预期。人际交往要有秩序，就需要制度发挥功能。制度发挥功能的途径是确定规则并对违规行为实施惩罚。社会经济制度有内在制度和外在制度、正式制度和非正式制度之分。法律制度是最为重要的外在正式制度。所以我们有理由认为，在一个国家，社会和经济生活的有序运转离不开完善的法律制度安排。

其实，在当今社会，各类法律制度已经渗透到了社会和经济生活的各个方面。在金融领域，金融机构、金融交易、金融监管、金融市场和金融产品等的一切金融活动，都离不开法律制度的调整与规范。因此金融活动的开展既是资金融通行为，又是法律行为。由此，对金融法的学习和研究就构成了学习与研究金融的另一个特殊的领域。基于此，特撰写《金融法理论与实务研究》一书，以期对新时代背景下的金融法做出有益探索。

本书共七章。第一章为金融法基本理论，内容包括金融法的概念与原则、金融体制与金融立法、金融法律关系与法律责任。第二章为银行法律制度与实务研究，主要进行了中央银行法律制度研究、商业银行法律制度研究、政策性银行法律制度研究。第三章为证券法律制度与实务研究，主要内容有证券和证券法分析、证券发行制度分析、证券交易及上市制度。第四章为保险法律制度与实务研究，在论述了保险法及其基本原则的基础上，对保险合同法律制度及保险组织法律制度进行了研究。第五章为金融担保法律制度与实务研究，具体内容有金融担保法律制度概述、金融担保下的保证、金融担保下的抵押与质押。第六章为网络金融法律制度与实务研究，内容包括网络金融法律制度概述、电子货币与电子支付法律制度研究、网上银行与网络证券法律制度研究。第七章为金融犯罪法律制度与实务研究，主要内容有金融犯罪概述、金融证券犯罪的法律制度研究、金融诈骗犯罪的法律制度研究。值得注意的是，第二章至第七章的最后一节均就各章内容进行了实务研究。

本书具有以下几个特点：第一，语言通俗易懂，便于阅读；第二，理论与实践相结合，具有较强的指导性和可操作性；第三，内容较为全面，涵盖了金融法的要点。

在本书的撰写过程中，作者参考和借鉴了大量国内外相关专著、论文等理论研究成果，从这些论文、专著中，获益匪浅，在此，对这些专家一并表示感谢。在本书的撰写过程中，笔者虽力求完美无瑕，但恐有不足之处，对此，望各位专家、学者批评指正，并提出宝贵意见。

笔者

2023 年 2 月

目 录

第一章　金融法基本理论 …… 1

第一节　金融法的概念与原则 …… 1

第二节　金融体制与金融立法 …… 7

第三节　金融法律关系与法律责任 …… 14

第二章　银行法律制度与实务研究 …… 29

第一节　中央银行法律制度研究 …… 29

第二节　商业银行法律制度研究 …… 36

第三节　政策性银行法律制度研究 …… 40

第四节　银行法律实务研究——以银行存款账户为例 …… 49

第三章　证券法律制度与实务研究 …… 56

第一节　证券和证券法分析 …… 56

第二节　证券发行制度分析 …… 59

第三节　证券交易及上市制度 …… 62

第四节　证券法律实务研究——以住房租赁资产证券化为例 …… 66

第四章　保险法律制度与实务研究 …… 79

第一节　保险法及其基本原则 …… 79
第二节　保险合同法律制度研究 …… 85
第三节　保险组织法律制度研究 …… 100
第四节　保险法律实务研究——以互联网保险合同为例 …… 103

第五章　金融担保法律制度与实务研究 …… 111

第一节　金融担保法律制度概述 …… 111
第二节　金融担保下的保证 …… 116
第三节　金融担保下的抵押与质押 …… 121
第四节　金融担保法律实务研究——以场外金融衍生交易为例 …… 133

第六章　网络金融法律制度与实务研究 …… 138

第一节　网络金融法律制度概述 …… 138
第二节　电子货币与电子支付法律制度研究 …… 141
第三节　网上银行与网络证券法律制度研究 …… 149
第四节　网络金融法律实务研究——以网络银行监管为例 …… 155

第七章　金融犯罪法律制度与实务研究 …… 159

第一节　金融犯罪概述 …… 159
第二节　金融证券犯罪的法律制度研究 …… 166
第三节　金融诈骗犯罪的法律制度研究 …… 174
第四节　金融犯罪法律实务研究——以恶意透支型信用卡为例 …… 182

参考文献 …… 187

第一章 金融法基本理论

第一节　金融法的概念与原则

一、金融法的概念

（一）金融法的定义

金融法，是由国家指定或认可的，用以确定金融机构的性质、地位和职责权限，并调整在金融活动中所形成的金融关系的法律规范的总称，是国家对金融监管和金融交易的一种外在的正式制度安排。金融关系则是指在金融活动中发生的社会关系，是商业性金融机构和政府金融机构（金融调控、监管机构）在从事商业性金融活动和政府金融活动（金融调控与监管活动）中同其他金融主体之间发生的与信用和货币流通相关联的各种经济关系。

金融法自产生以来，就逐渐成为金融活动参与者从事金融活动的基本行为规范，是国家领导、组织和监督管理金融事业，保障金融秩序的依据。金融法有狭义和广义之分：狭义的金融法仅指国家立法机关制定的金融法律；广义的金融法除了金融法律之外，还包括各级政府及其职能部门制定的金融法规和金融规章。本书所介绍的金融法为广义的金融法。

（二）金融法的调整对象

金融法的调整对象，是在金融活动中产生的金融关系。金融活动包括商业金融活动与政府金融活动。其中，商业金融活动既包括传统的直接金融活动、间接金融活动、金融中介活动，又包括具有创新意义的衍生金融活动；政府金融活动则包括金融调控与金融监管活动，由此，金融法调整的对象即为在商业金融活动中形成的金融交易关系和在政府金融活动中形成的金融调控与金融监管关系。另外，不论是商业金融活动还是政府金融活动，金融机构都是重要参与者，金融机构的组织体系、内部管理等对商业金融活动与政府金融活动均会产生影响，所以金融机构的内部关系也是金融法调整对象的重要组成部分。

1. **金融交易关系**

金融交易关系，指金融机构在从事商业性金融活动中与其他金融主体之间形成的平等主体之间的经济关系，包括：①间接金融关系，指金融机构因开展间接融资活动而与其他存、贷款主体之间的资金融通关系，包括存款关系、储蓄关系、借贷关系和同业拆借关系等。②直接融资关系，指金融机构因开展直接融资活动而与其他投、融资主体之间的关系，包括证券发行关系、证券交易关系、产权交易关系等。③金融中介服务关系，指金融机构因开展金融中介服务而与其他非金融机构的法人、非法人组织和自然人之间的金融中介关系，包括货币市场上的中介服务关系，例如，结算、汇兑、咨询、信托、租赁、代理、担保等关系；资本市场上的中介关系，例如，证券的承销与登记、托管与清算、证券投资咨询及财务审计、资产评估等关系。④衍生金融关系，指金融机构因开展衍生金融交易活动而与其他主体之间的关系，包括远期合约关系、互换业务关系、掉期交易关系、期货期权交易关系等。

2. **金融调控与监管关系**

金融调控与监管关系，指金融主管机构在从事政府金融活动中与其他金融机构、非金融机构和自然人之间产生的非平等主体之间的关系，具体包括：①金融调控关系，指国家及其授权的金融主管机关，为实现其货币政策目标而对货币供应量和市场利率实施调控，从而与其他主体之间产生的关系；②金融监管关系，指国家及其授权的金融监管机构对金融机构、金融业务、金融市场实施监管而与其他主体之间产生的关系。

3. **金融机构的内部关系**

金融机构的内部关系，指金融机构总部与分支机构的责权关系以及金融机构的内部控制、管理关系等。

（三）金融法的内容

金融法是国家制定的用以规范金融行为、调整金融关系的法律规范的具体规则。通常，调整某一社会关系的法律部门，其主要功能，就是规定参加社会关系的主体资格、条件以及具备了这些资格和条件的主体进行社会活动的行为规则。金融法也不例外，因此，金融法的内容包括金融主体法和金融行为法两个部分。

1. **金融主体法**

金融主体法，也称金融组织法，或金融业法，是关于各类金融关系的参加者（主要是金融机构）的性质、地位、组织形式、组织机构及其设立、变更和终止的规则。由于金融机构对金融关系起主导作用，且其行为所产生的后果对社会有较大影响，所以对其资格的取得、市场准入和退出就要比金融关系中一般主体有更严格的要求。因此，各国均以金融特别法的形式规定金融机构的各项组织规则，其中，既有金融主体自主设立的私法行为，也有国家审批监管的公法行为。概括地讲，金融主体法，就是金融主体及其市场准入和市场退出的规则体系。

2. **金融行为法**

金融行为法，也称金融业务法或金融活动法，是关于各类金融关系的参加者（主要是金融机构）开展金融业务、进行资金融通活动的基本规则。由于金融活动以货币为交易对象，具有特殊性，所以国家需要制定有别于以一般商品与服务为交易对象的普通商业活动的特殊行为规则——金融行为规则，如，存款规则、贷款规则、结算规则、证券发行规则等。由于存款、贷款、结算、发行等活动主要通过金融机构的业务活动进行，故又称金融业务法。概括地讲，金融业务法，就是金融机构依法存续期间开展业务活动的规则体系，因此金融业务法也被称为金融运行法。

二、金融法的地位、特点及功能

（一）金融法的地位

金融法的地位，指金融法在整个法律体系中的位置，即金融法在法律体系中是否属于一个独立的法律部门，以及属于哪一层次的法律部门。

任何一个国家的现行法律规范都是一个由多层次的若干法律部门所组成的有机统一体。法律部门，是对一国现行法律规范按其调整的社会关系之不同所做的基本分类。凡调整同一种类社会关系的法律规范的总和就构成一个独立的法律部门。同时，由于社会关系的复杂性和多样性，即便同一类社会关系又可以分为不同的层次和范围，因而法律部门也就有了层次性。在一个国家的法律体系中，宪法是国家的根本大法，为第一层次的法律部门。根据宪法制定的民商法、行政法、经济法、刑法、诉讼法等基本法属于第二层次的法律部门。根据基本法制定的规范性文件属于第三层次的法律部门，例如，民法之下有物权法、债权法、知识产权法等；商法之下有公司法、合伙法、破产法、票据法、保险法、海商法等；经济法之下有企业法、财税法、金融法、竞争法、技术监督法、劳动法等。依次类推，还可以划分为第四层次、第五层次，甚至更多层的法律部门。各层次法律部门虽然都有自己特定的调整对象，但它们又都建立在同一经济基础上，有着相同的宗旨和原则，因而形成了互相联系、彼此协调的统一整体。

由于金融法调整的金融关系广泛而复杂，传统的民法、商法和行政法无法统一调整，所以金融关系就成为金融法特有的调整对象，金融法也就成为一个独立的法律部门。但是由于各国的经济、政策、文化和历史背景不同，各国法律体系的组成也不尽相同，所以金融法在各国法律体系中的地位也有所不同：在不承认经济法以及民商法分立的国家，金融法中的银行法、票据法、信托法、保险法、证券法属于商法范畴；在民商法不分的国家，金融法则属于民法范畴。在我国，金融法是经济法的重要组成部分，是经济法的一个子法律部门，属于第三层次的法律部门，在我国整个法律体系中有着举足轻重的地位和重要作用。

（二）金融法的特点

金融法作为经济法的一个子部门具有如下特点：

1. 金融法是实体法与程序法的统一

因为一方面既规定了作为实体法调整对象的金融主体的职责、权利和义务；另一方面又规定了实现这些权利、义务的程序、步骤、方法等，因而金融法是实体法和程序法的统一。

2. 金融法是以社会为本位的社会法，是公法和私法的融合

金融法调整的对象，既有有关金融主体利益的金融业务关系，又有有关金融全局的金融调控与金融监管关系，而这两种关系在现代市场经济条件下，相互影响，相互渗透，相互交织。因为金融业务要在适度的金融监管下才能有序进行，金融调控与监管又要在尊重金融个体利益的前提下才能有效实施，所以金融法就既不能如公法一样一切以国家意志为主体，也不能如私法一般完全以个人意志为中心，而必须以社会为主体，融合公法和私法的调整方式，成为社会法。所谓社会法，是指“以社会为主体、为出发点、为归宿，规范

国家干预（包括管理、调控、指导、服务、监督等）个体的法律，是联通公法与私法的桥梁”①。

3. 金融法具有强行性和准则性，法律规范多为义务性和禁止性规范

金融业的公共性和高风险性决定了金融机构的组织及其活动的开展对整个社会的一切商业活动和人民群众的生活具有重大影响，需要由国家法律强行规定并予以强制实施。因此，金融法主体的组成、职责、权利、义务往往要由国家法律直接做出强行规定，不能由当事人随意更改。同时，金融活动的开展也必须规范，并要有非常严格的程序性和准则性要求。

4. 金融法调整的范围越来越广，法律内容日益增多

随着金融的不断创新与发展，新的金融机构、金融产品、融资手段不断涌现，金融已经渗透到了社会生产、生活的各个层面，成为现代经济的核心。伴随着金融业的不断发展，金融法的调整范围越来越广，内容也日益增多。

（三）金融法的功能

金融法的功能，是指金融法通过确认金融机构的法律地位，规范金融主体的行为，从而对整个社会金融生活产生的调节规范作用。具体来讲，主要包括以下三大功能。

1. 确认金融机构的法律地位，建立、健全金融机构的组织体系

简单来讲，金融就是资金融通。一个社会资金融通活动正常、有序进行的前提是提供资金融通服务的金融机构本身必须健全。所以，金融法的首要功能，就是要通过立法对各类金融机构的性质、职责权限、业务范围等加以界定，对各类金融机构的组织、管理结构、运行机制、设立、变更及终止等加以明确规定，进而为金融活动的健康开展创造前提条件。

2. 培育和完善金融市场体系，规范金融市场行为，确保金融市场参与者的合法权益

金融市场包括货币市场、资本市场、外汇市场、金银市场、期货期权市场等，一个完善的金融市场必须具备交易主体、交易对象（客体）、交易价格三大要素。要使各类金融市场能够健康有序运行，并使市场交易各方的合法权益得到有效保护，就必须通过立法的形式对各类要素加以规范，并依法对各类市场进行监管。所以，金融法的第二大功能，就是要培育和完善金融市场体系，规范金融市场行为，协调和确保金融市场各参与者的合法权益，提高资金的运营效益。

---

① 朱大旗．金融法［M］．北京：中国人民大学出版社，2016：7.

3. 确保金融宏观调控目标，规范金融调控、监管行为，完善金融调控、监管体系

在当代社会，金融业一方面已经成为影响经济全局和千家万户的公共行业；另一方面又是一个充满不确定性的高风险行业，任何一家金融机构的活动都会对社会产生一定程度的影响，因此对金融业实施宏观调控和监管就成为确保金融业稳健经营与发展的必要保证。这是金融法的又一个重要功能，即国家通过金融立法的形式，明确其货币政策目标，确定金融监管机构的地位及职权，规范金融调控和监管方式、方法，规定金融违法行为的惩处、制裁措施等，从而使金融业实现有序竞争与稳健经营。

三、金融法的基本原则

金融法的基本原则是金融立法的指导思想，是调整整个金融关系必须遵循的行为准则（即金融立法、执法和司法所应遵循的行为准则），是金融法本质和内容的最集中表现，对金融法的各个法律制度具有普遍的指导作用。

金融法的基本原则不是一成不变的，在不同的国家或同一国家的不同发展时期，由于经济主体、货币政策目标等不尽相同，金融法的基本原则也有所不同，我国现阶段的金融法坚持如下基本原则。

（一）在稳定币值的前提下，促进经济增长

金融是国民经济的重要调节手段之一，它不仅可以实现总量调整，也可以实现结构调整，因此建立和完善以中央银行为中心的金融宏观调控体系非常重要。我国目前仍属发展中国家，发展经济是第一要务，但发展经济需要有良好的货币金融环境，需要货币币值稳定，这也是我国中央银行法把“保持货币币值的稳定，并以此促进经济增长”① 作为我国货币政策目标的原因所在。由此，在稳定币值的前提下，促进经济增长也就自然而然地成为我国金融法必须遵循的首要原则。

（二）分业经营，分业管理

广义的金融涵盖了银行、信托、保险、证券等诸多领域。虽然混业经营有利于金融发展和提高金融运行效率，且目前也已成为国际潮流，但混业经营风险大，不利于风险隔离与风险控制。而分业经营和分业管理不仅有利于保障金融机构稳健经营，更有利于加强风险控制与风险监管，防范系统性金融风险的爆发，所以目前我国金融监管层虽然在逐步放

---

① 参见《中国人民银行法》第三条。

宽限制，适度允许不同金融机构之间有业务交叉，但分业经营与分业管理依然是金融法遵循的基本原则。

（三）保护债权人、投资者的合法权益

金融活动的基础是信用，而信用则是以偿还和支付利息为条件的资金运动，因此偿还性和有偿性就成为信用最基本的特征。也正因此，金融法的制定和实施就必须遵守信用的基本要求，充分维护存款人和投资人的利益，只有这样，才能确保金融实现有序、可持续发展。

（四）保障公平竞争，促进金融业有序发展

金融的公共性与风险性表明金融市场秩序关乎国家金融、经济的稳定和人民群众的福祉。促进金融业公平竞争、维护金融市场秩序、降低金融风险、保障金融业有序发展和人民群众的金融财产安全是金融法义不容辞的责任，因此保障公平竞争，促进金融业有序发展一直是我国金融法遵循的基本原则。

（五）立足国情，并与国际惯例接轨

随着对外开放的深入，特别是加入世贸组织以后，外资金融机构大量涌入我国。与此同时，我国的金融业也越来越多地参与到了国际金融活动中，为此，我国的金融立法就须借鉴发达市场经济国家金融法的通行做法，采用国际金融立法的通例，这样在全球金融一体化的大背景下，才能使我国的金融业适应国际环境，并不断发展。但是，我国也有自己的基本国情，所以在金融立法、执法和司法中还必须立足我国的基本国情，维护国家主权。

第二节　金融体制与金融立法

一、金融体制

金融体制是一个国际经济体制的核心部分，对经济稳定和发展有着重要意义。多数学者认为，金融体制是指一个国际划分金融管理机构和金融业务机构的法律地位、职责权限、业务范围，协调彼此之间的活动及其相互关系而形成的制度系统。它包括金融机构组

织体系、金融市场体系、金融监督体系和金融制度体系四个方面的内容。

目前，在西方发达国家和地区，经过长时期的发展演变，基本上都形成了在法制基础上以国家金融主管部门为监督中心，以商业银行和证券机构为主体，与信托、保险等其他金融机构并存，以货币、证券和保险等市场为枢纽的金融体制。

（一）西方主要国家的金融体制

1. 美国金融体制

美国是世界第一的经济大国，其金融体制由联邦储备系统（中央银行系统）、联邦证券交易委员会、商业银行（包括国民银行和州立银行）、非银行金融机构（主要指储蓄信贷协会、储蓄互助银行、信用合作社、人寿保险公司、金融公司、投资银行、商业票据所、经纪和交易商公司、证券交易所和信托机构等）、政府专门信贷机构（包括进出口银行、联邦中期信贷银行、联邦土地银行、合作社银行、住宅信贷银行、环境保护金融管理局、小企业管理局、联邦融资银行等）和养老基金、货币市场互助基金等其他金融机构组成。

2. 英国的金融体制

英国的金融体制由英格兰银行、商业性银行和其他金融机构，以及发达的金融市场构成。英格兰银行最早成立于1694年，1844年开始退出商业银行业务，1946年成为英国真正意义上的中央银行。其中，商业性银行包括零售性银行、商人银行、贴现行、海外银行、国际银行财团等。零售性银行是英国银行系统的主体，其客户主要是个人和中小企业，主要提供现金存取、小额贷款和资金转账等服务。商人银行，又称承兑所，是英国和其他西欧国家特有的一种银行，是由从事国际贸易并兼营承兑业务的商人发展起来的，故称商人银行，主要办理存款、证券、咨询、代理等业务。贴现行，又称贴现所或贴现公司，主要从事票据贴现业务。其他金融机构包括保险公司、信托投资银行、国民储蓄银行和信托储蓄银行、房屋互助协会、伦敦票据交换所及证券交易所等。

（二）中国金融体制的发展演变

1. 中华人民共和国成立之前的金融业

早在西周时期，我国就存在专门办理财政征税、商业贸易、铸币、稳定物价及贷款收息的政府机构——泉府。南北朝时期，已有一些大的寺院经营典当业务。隋唐时期，作为我国旧式银行的典当业已经比较普遍。到唐朝中期，长安商铺兼营货币兑换、存放款业务，并出现了专门的金融机构——“柜坊”，从事银钱保管及当时称为“飞钱”和“帖”的汇兑业务。北宋时期，已有专门经营货币的钱铺。元、明时期高利贷盛行，典当业相当发达。明朝中期以后，在中国封建社会内部产生了资本主义经济的萌芽，出现了经营钱币兑换的“钱庄”，兼做存款、放款、汇兑、贴现、发行庄票、买卖生金银的业务。清代还出现了办理汇兑业务的“票号”，也办理存放款业务。至清朝乾隆、嘉庆年间，钱庄已多达 106 家，已发展成为具有相当规模的独立经营金融业务的行业。

鸦片战争之后，近代金融业在中国发展起来。1845 年—1948 年，英国的丽如银行先后在（中国）香港、广州、上海设立机构。接着，法、德、日、俄、美、荷、比等国也相继在中国设立银行。外国资本和银行的入侵，加速了中国封建经济的解体，也刺激了旧中国银行的兴起。

我国第一家民族资本银行是 1897 年 5 月 27 日在上海成立的中国通商银行。这家银行采取官商合办的形式，由清末督办铁路事务大臣盛宣怀提议并创办，标志着我国银行现代信用事业的开始。1905 年根据清朝户部奏准的《试行银行章程》，正式成立了官办的户部银行（1908 年 2 月该银行依《大清银行则例》改名为大清银行，1912 年改组为中国银行），1907 年清政府邮传部奏请设立了交通银行。辛亥革命后，特别是第一次世界大战期间，帝国主义无暇东顾，中国的民族金融业得到较大发展，1921 年—1927 年新成立的银行达到 168 家。1927 年以后，国民党政府力图控制全国的金融业，于 1928 年 11 月 1 日成立了中央银行。以后又相继于 1930 年 3 月成立邮政储金汇业局，1933 年 6 月成立农民银行，1935 年 10 月成立中央信托局，1946 年 11 月设立中央合作金库，从而形成了以官僚资本“四行两局一库”为核心的金融垄断体系。到 1946 年底，全国银行总数已达 754 家，拥有分支行 2996 所。

2. 中华人民共和国成立之后的金融体制

中华人民共和国成立之后的金融体制，是在革命根据地和解放区金融体制的基础上，根据国家经济发展不同阶段的需要，逐步建立和发展起来的，并经历了艰难曲折的发展过程。大体而言，可分为以下三个阶段。

（1）计划经济下的金融体制。1949 年—1977 年是我国单一制的银行体制时期（或称一级银行体制、大一统银行体制时期），即由中国人民银行统一领导、垄断金融的时期。这种体制适应了当时高度集权的计划经济体制的需要。

（2）计划商品经济时期的金融体制。1978 年—1993 年是我国中央银行体制确立和完善的时期。在这一时期，逐步建立起适应我国计划商品经济发展需要的二级银行体制，又称中央银行体制。在恢复、分设专门银行、中国人民保险公司的基础上，中国人民银行开始专门执行中央银行的职能。另外，设立中国工商银行办理工商信贷和城镇储蓄业务，试办商业银行和其他非银行金融机构，重新组建了交通银行等全国性综合银行，设立了中信实业银行等全国性商业银行和招商银行等区域性商业银行。同时，还大力发展保险、信托等非银行金融机构，开办了中外合资银行或财务公司等。

到1993年底，我国除了中央银行外，还有4家全国性专门银行、9家全国性和区域性的商业银行、12家保险公司、387家金融信托投资公司、87家证券公司、29家财务公司、11家金融租赁公司、5.9万家农村信用合作社、3900家城市信用合作社。此外，还有225家外国金融机构在中国设立的302个代表处和98家营业性分支机构。这样，在我国已初步形成了以中央银行为领导，以国有专业银行为主体，多种金融机构并存、分工协作的金融体制。

（3）市场经济下的金融体制。自1994年起至现在，是全面深化金融体制改革的时期。按照1993年12月国务院《关于金融体制改革的决定》和《关于进一步改革外汇管理体制的通知》的规定，我国自1994年1月1日起开始进行金融体制的全面改革，以建立适应社会主义市场经济发展需要的金融体制。改革的总体目标归结起来就是建立“三个体系”，实现“两个真正”。一是建立在国务院领导下，独立执行货币政策的中央银行宏观调控体系；二是建立政策性金融与商业性金融分离，以国有商业银行为主体、多种金融机构并存的金融组织体系；三是建立统一开放、有序竞争、严格管理的金融市场体系；四是实现“两个真正”，即把中国人民银行办成真正的中央银行，把国有专业银行办成真正的商业银行。

在加入WTO后的过渡时期，为适应经济改革和对外开放的新阶段的发展需要，加强金融宏观调控和服务职能，防范和化解金融风险，我国金融体制的深化改革和金融法制建设正在紧锣密鼓地进行。

二、金融立法

（一）金融法的产生与发展

金融法作为调整金融关系的法律规范，随金融活动的出现而产生，并随金融活动范围的扩大而日益丰富其内容。早期的金融法，萌芽于货币兑换、收支、借贷等活动，并逐渐形成了大家普遍遵循的各种契约和习惯，这些习惯在奴隶制国家被赋予阶级统治的内容，成为奴隶主和大商人通过高利借贷关系剥削小生产者的习惯法。而在封建社会，金融法的最具有重要意义的发展是统一货币制度的建立（也即使货币制度法律化），并使有关借贷关系的不成文习惯法成文化。

现代意义上的金融法是随资本主义商品经济和信用活动的高度发展、银行等金融机构大量出现并成为一个产业（金融业）时，才产生和发展起来的。一般认为，1844 年英国国会通过的由首相皮尔提出的《英格兰银行条例》（又称《皮尔条例》）是世界上第一部银行法，也是世界上第一部专门性的金融法律。而这部法律的诞生距该银行的成立（1694 年）已有 150 年的历史，距世界上第一家银行——1171 年成立的威尼斯银行更有 670 多年的历史。现代金融法的产生与金融机构出现的非同步性，说明早期的金融是被视为与一般商业无异的，是无须制定专门的法律予以规范的。只有当资本主义商品经济经两三百年发展达到了较高水平，当银行等金融机构大量出现，并且其所开展的金融业务对社会具有重大影响时，专门的调整金融活动的法律——金融法才产生了。

继英国之后，法国、德国、瑞典、美国、日本等资本主义国家，也先后制定了普通银行法和中央银行法等金融法。此后，随着信托投资公司、证券公司、财务公司、融资租赁公司、保险公司等非银行金融机构的大量出现，存款、贷款、汇兑、信托、票据、证券、保险等金融业务蓬勃兴起，商业信用、国家信用等同时并举，货币市场、资本市场、特殊融资市场的大力发展，大大加速了货币资金的融通。同时，各种融资关系也变得越来越复杂，客观上要求制定统一、权威的行为规则加以调整。因此，市场经济发达国家先后制定、颁布了票据法、信贷法、保险法、证券法、信托法等各种专门调整金融关系的金融法律、法规，形成了一个比较完整的金融立法体系。

（二）西方主要国家的金融立法

1. 银行立法

银行法是金融法的核心内容。世界各国的银行立法有两种模式：一种是合并立法，即将中央银行和普通银行（主要指商业银行）同立一法，统称为银行法；另一种是分别立法，即分别制定中央银行法和普通银行法。目前，世界上绝大多数国家采用后一种立法模式。

（1）中央银行立法。世界上第一部中央银行法是 1844 年英国颁布的《英格兰银行条例》，该条例确定的有关中央银行的职能，对其他国家中央银行的建立和中央银行法的制定产生了重大影响。1914 年 8 月英国制定的《通货与钞票法案》、1946 年 2 月英国国会通过的《英格兰银行国有化法案》、1971 年 9 月颁布的《竞争与信用控制法》，使英国的中央银行法不断完善。目前，西方各国基本上都制定了中央银行法，主要有 1913 年颁布实施的《美国联邦储备法》、1934 年 6 月公布《瑞典银行法》、1934 年公布的《瑞士联邦银行法》、1973年12月公布的《澳大利亚联邦储备法》等。

（2）普通银行立法。在商品经济社会里，普通银行是金融体系的主体，承担着一国社会经济发展中资金供给和调节的重要职责，故各国都十分重视普通银行的管理，对其组织及业务开展均予以立法规范。由于普通银行主要是指商业银行，所以大多数国家将规范普通银行的立法称为商业银行法，或干脆称银行法。目前，西方各国普通银行立法主要有：美国1863年公布的《国民通货法》、1960年的《银行合并法》，加拿大1871年颁布、1980年修订的《加拿大银行法》，德国1961年7月公布的《德国银行法》，英国1979年4月公布的《英国银行法》等。

2. 证券立法

证券法是调整直接融资关系的主要立法。随着金融资产证券化，直接融资的比重越来越高，证券立法也就显得越来越重要。世界上最早的证券法是1933年5月美国国会通过的《证券法》，该法的制定主要是为了加强对证券市场的管理，稳定受经济危机重创的美国经济。1934年又颁布了《证券交易法》。这两部法律奠定了美国证券法的基础，也为其他国家的证券立法提供了蓝本。此后，美国又相继制定了一系列证券法规，如，1935年的《公用事业控股公司法》、1939年的《信托契约法》、1940年的《投资公司法》和《投资咨询法》、1956年的《统一证券法》、1970年的《证券投资者保护法》、1984年的《内幕交易制裁法》等。德国、法国等西欧国家没有制定专门的证券法，其内容包含在各自的公司法和投资法中。

3. 票据立法

票据立法最早源于1863年法国路易十四时期的《陆上商事条例》中有关票据的规定。1807年拿破仑主持制定的《法国商法典》第一编第8章对汇票和本票做了规定。1865年法国又制定了《支票法》。1935年法国对商法典中票据的内容进行了修改。德国在统一前，各邦都有自己的票据法。统一后，于1871年4月将《普鲁士票据条例》稍加修改，颁行全国。1908年制定了《票据法》（规定汇票和本票）和《支票法》，其现行的《票据法》和《支票法》是1933年制定颁布的。日本曾于1882年制定了《汇票本票条例》，现行票据法律是1932年公布的《票据法》和次年公布的《支票法》。美国于1896年制定了《统一流通证券法》，1952年又颁布了《统一商法典》(该法典于1962年做了修改)，其第三编规定了汇票、本票和支票，取代了《统一流通证券法》。

4. 信托立法

西方各国都有关于信托的立法。但以英国和日本的立法最为系统、完备。英国是世界上最早产生信托和信托投资公司的国家。其信托方面的立法主要包括1893年制定的《受托人条例》、1896年颁布的《私法受托人法》、1906年颁布的《公共受托人法》和1925年颁布的《受托人法》。日本的信托是于1899年从美国引进的，日本是现今世界上信托业务最活跃的国家。

5. **保险立法**

保险是一种用集中起来的保险费建立保险基金，用于弥补特定危险事故或人身约定事件的出现所造成的损失的经济补偿制度。在市场经济条件下，在发达资本主义国家中，保险尤其是人寿保险发挥着非常重要的作用，故各国对保险业、保险合同等都有比较完备的立法。日本最早于1901年颁布了《保险业法》，该法于1940年予以修订；美国于1974年公布了《保险公司法》。

（三）中国的金融立法

中华人民共和国成立后的30年，由于实行高度集权的计划经济体制，我国的金融事业发展缓慢，对金融活动的规范和管理以行政手段为主，因而也就没有所谓的金融立法。实行改革开放政策后，随着金融改革的深化及我国法制建设进程的加快，为了适应有计划的商品经济的需要，我国加快了金融立法的步伐，制定了大量的金融法规和规章，其中以1986年1月7日发布的《中华人民共和国银行管理暂行条例》为代表。

1993年我国确立了建立社会主义市场经济体制的目标，金融体制的总体目标得以确立，金融改革进一步深化，金融立法也步入了一个崭新时期。尤其1995年，被称为我国的“金融立法年”，在这一年里，我国制定颁布了“五法一决定”，即1995年3月18日第八届全国人大常委会第三次会议通过的《中华人民共和国中国人民银行法》，1995年5月10日第八届全国人大常委会第十三次会议通过的《中华人民共和国商业银行法》和《中华人民共和国票据法》，1995年6月30日第八届全国人大常委会第十四次会议通过的《中华人民共和国担保法》《中华人民共和国保险法》及《全国人大常委会关于惩治破坏金融秩序犯罪的决定》，从根本上改变了我国金融领域欠缺基本法律规范的局面，初步形成了我国金融体系的基本框架。

1997年3月14日修订、同年10月1日实施的新《刑法》，专门设立两节，对有关金融方面的犯罪进行集中规定；1998年12月29日第九届全国人大常委会第六次会议通过的《中华人民共和国证券法》，对证券市场的管理做了比较全面系统的规定；2003年12年27日第十届全国人大常委会第六次会议，通过了对《中国人民银行法》《商业银行法》的修正，通过了《银行业监督管理法》（2004年2月1日起施行），将中国人民银行对金融业的监管职能划归中国银监会，强化了中国人民银行的制定和执行货币政策的调控职能；2005 年 10 月 27 日，根据我国金融体制改革和证券市场发展的需要，并对公司法与证券法相关规定进行理顺和协调，第十届全国人大常委会第十八次会议通过了对《公司法》和《证券法》的修正（2006 年 1 月 1 日起施行）。至此，我国的金融监管体制基本确立，我国的金融法律体系进一步完善，我国的金融事业真正走上了法制化规范发展的轨道。

第三节　金融法律关系与法律责任

一、金融法律关系

（一）金融法律关系的概念

1. 金融法律关系的内涵

金融法律关系，是指由金融法律规范调整的，在金融调控监管活动和金融业务活动过程中形成的，具有权利和义务内容的社会关系。

国家、金融机构、企事业单位、社会组织和个人在进行金融调控、监管活动和金融业务活动时，必然会形成各种各样的金融关系，当这些金融关系受到相应的金融法律规范调整时，就会在金融主体之间产生相应的权利和义务，即形成金融法律关系。因此，金融法律关系的形成和存在有两个条件：一是要有金融法律规范存在；二是要有某种具体的金融调控与监管活动或金融业务活动存在。所以，进一步讲，金融法律关系是以现行金融法律规范为前提的社会关系，是在金融业务中形成的，且一方主体为金融机构的复合主体之间的关系，是由国家强制力保护的，以金融法上的权利和义务为内容的社会关系。

2. 金融法律关系的种类和特征

金融法律关系根据不同的标准，可做不同的分类：以调整金融关系的法律不同为标准，金融法律关系可分为银行法律关系、保险法律关系、证券法律关系、信托法律关系、票据法律关系等；以市场经济条件下金融体制的组成部分为标准，金融法律关系可分为宏观金融调控与监管法律关系、金融机构组织法律关系、金融市场法律关系等；以金融主体的地位及金融法律所调整的社会关系不同为标准，金融法律关系可分为金融调控与监管法律关系和金融业务与经营法律关系。本书仅就最后一种分类予以阐述。

（1）金融调控与监管法律关系

金融调控与监管法律关系，是指金融调控与金融监管机关以及其他监管部门与金融机构、法人、公民之间依法产生的权利、义务关系。目前，我国的金融调控与监管机关包括中国人民银行、中国银行保险监督管理委员会、中国证券监督管理委员会以及各地金融监管局；其他监管部门主要是指有权对金融机构进行监管的机关，如，审计署及各地方审计机关。金融机构、法人和公民都必须依法接受有权机关的监督和管理。

金融调控与监管法律关系的特点主要表现为：

①主体的地位具有不平等性。金融调控与监管主体是国家法律的授权机关，对金融业的监管是其法定职责，它们在金融活动中处于调控者和监管者地位；而金融机构、法人、公民则处于被监管者地位，它们有义务依法接受金融调控与监管机关的调控、监督与管理。

②权利和义务具有法定性。金融调控与监管法律关系主体的权利和义务由国家法律规定，不能由当事人双方协商确定，当事人也无权变更其权利和义务的内容。

③权利和义务不存在财产对偿性。由于金融调控与监管具有行政管理性质，调控与监管者与被监管者之间的权利和义务不存在对偿性。如，银行保险监督管理委员会对金融机构的设立、变更、终止的审批权力与金融机构接受审批的义务，银行保险监督管理委员会对金融机构的现场与非现场检查、监督与金融机构接受上述检查与监督的义务，就不具有财产内容，因而也没有对偿性。

④权利与义务具有相对性。金融调控与监管主体的权利实质上是对国家的义务，如果不行使或不能很好行使这些权利就会构成渎职。同样，被监管主体接受监管既是一种义务，同时也是一种权利。例如，向监管机构申请设立金融机构，申请设立既是申请者的义务，同时也是申请者的权利。正因为金融监管法律关系中权利与义务的相对性，所以法律不允许主体任意抛弃和转让权利。

⑤权利和义务实现具有强制性。金融调控与监管法律关系主体的权利和义务以行政和法律的强制措施为后盾。由于金融调控与监管关系的形成并非当事人自愿协商的结果，而是基于法律的直接规定产生，所以权利与义务的实现并非都能在自觉的基础上进行。因此，一方面，法律赋予调控与金融监管部门行政处罚权；另一方面，对金融调控与监管部门的玩忽职守，也规定要承担相应的法律责任。法律正是从这两个方面来强制金融调控与监管关系主体权利和义务的实现。

（2）金融业务与经营法律关系

金融业务与经营法律关系，是指金融机构之间、金融机构与其他平等主体之间依法形成的权利和义务关系，包括在拆借、贴现、结算、存贷款、汇兑、信托、租赁、证券、基金、外汇、保险等业务开展中所形成的权利和义务关系。这些关系可以概括为资金供求关系和金融服务关系。

金融业务与经营法律关系的特点主要表现为：

①主体地位独立、平等。金融业务经营法律关系，实际上是平等主体之间发生的权利、义务关系。主体地位平等、独立，互不隶属，双方权利、义务关系的产生，要经双方协商，意思表示一致，法律关系的形成具有自愿性。

②双方的权利和义务具有对偿性和对等性。金融业务与经营法律关系是具有经济内容的权利和义务关系。享有权利的一方，也必须承担相应的义务；承担义务的一方，也享有相应的权利。一方的权利，也就是另一方的义务。

③主要通过带有经济性的强制措施保证权利、义务的实现。金融业务与经营法律关系一般是在自愿基础上产生的，当事人在成立法律行为时就能预见到义务不履行的法律后果，所以一般能自觉地履行自己的义务。但在现实生活中，由于主客观方面的原因，也有不愿意履行或不能全面履行的情况发生。由于金融业务与经营法律关系的权利、义务关系具有对偿性，其权利、义务的实现，就在于保障主体预期经济利益的实现，故一般是通过带有经济性的强制措施来保证，如，责令支付票据金额、偿还贷款本金利息以及违约金和赔偿金等，以促使当事人履行义务。

（二）金融法律关系的构成

金融法律关系由金融法律关系的主体、客体和内容三个要素共同构成。

1. 金融法律关系的主体

金融法律关系的主体，指参加金融法律关系，依法享有权利、承担义务的当事人。金融机构是金融法律关系的当然主体，国家机关、企事业单位、社会组织和个人可以通过依法参加金融活动成为金融法律关系的主体。

金融法律关系的主体，主要包括特殊主体、各类银行和非银行金融机构、各经济组织、事业单位、社会团体、自然人、国家。特殊主体主要是指中央银行、政府授权的其他金融监管机构，在我国主要包括银保监会、证监会以及各地金融监管局。各类银行和非银行金融机构主要指商业银行、各类专业银行（包括政府专业银行，即政策性银行），以及其他非银行金融机构，包括保险公司、证券公司、基金管理公司、期货公司、资产管理公司、信托公司、财务公司、融资租赁公司、信用合作社等。各经济组织、事业单位、社会团体，可以是法人组织，也可以是非法人的合伙组织和联营组织。自然人，主要指本国公民、外国公民和无国籍者，他们依法参与金融活动就成了金融法律关系的主体（法律一般要求自然人必须具有权利能力和行为能力才能成为金融法律关系的主体，但在特殊情况下，无行为能力的人或限制行为能力的人也能成为金融法律关系的主体）。国家通常只在特定情况下以主体的资格参加金融活动，成为金融法律关系的主体，例如，发行货币、公债，缔结国际条约时，国家就是以金融主体的身份出现的。

2. 金融法律关系的客体

金融法律关系的客体，指金融法律关系主体的权利和义务所共同指向的对象。没有金融法律关系的客体，金融法律关系不可能产生，权利和义务更无从附着。金融法律关系的客体主要包括货币、金银、证券、票据、保单、合约、指数、期权等。

3. 金融法律关系的内容

金融法律关系的内容，指金融法律关系主体依法所享有的权利和承担的义务。权利指主体有权依据金融法律、法规的规定为一定行为、不为一定行为和要求他人为一定行为、不为一定行为的可能性。义务指主体依据金融法律、法规的规定必须为一定行为或不为一定行为的必要性。在不同的金融法律关系中，金融法主体享有不同的权利，同时承担不同的义务。

（三）金融法律关系的运行与保护

1. 金融法律关系的运行

金融法律关系的运行，指金融法律关系产生、变更和终止的过程。

金融法律关系的产生，指由于一定的法律事实的存在或变化，使金融法律关系主体之间形成一定的权利和义务关系。法律事实的存在或变化，是金融法律关系产生的前提。法律事实，指符合金融法律规范规定的，能够引起金融法律关系产生、变更和终止的事实，包括事件和行为。事件是指不以人的主观意志为转移的客观现象，如，不可抗力造成的自然灾害或战争等社会现象。行为是指由金融法律规范规定的，受人的主观意志支配的，能够引起金融法律关系产生、变更和终止的行为，包括合法行为和不合法行为。合法行为指与法律规范的要求相一致的行为，其中大多为以产生某种法律后果为目的的行为，如，依法签订贷款合同、保险合同、信托合同等都会引起金融关系的发生或变化，并产生行为人预期的目的。不合法行为是指与法律规范不一致的行为。此种行为不能产生行为人预期的法律后果，即不符合主体预期的法律关系，但能引起保护性法律关系的产生。

金融法律关系的变更，指由于一定的法律事实的出现或变化，使业已存在的金融法律关系的某些要素发生改变，从而引起金融法律关系的改变，包括主体变更、客体变更和内容变更三种情况。

金融法律关系的终止，指由于一定的法律事实出现，使金融法律关系主体间的权利与义务关系归于消灭。

2. 金融法律关系的保护

金融法律关系的保护，指通过一定的保护机构，采取一定的保护方法，确保金融法律关系参加者正确行使权利和切实履行义务，以维护当事人的合法权益和保障金融秩序正常、有序的过程。

（1）金融法律关系的保护机构

金融法律关系的保护机构主要有金融监管机构、仲裁机构和司法机构。

金融监管机构是进行金融法律关系保护的最基本机构。金融监管机构通过对金融机构的市场准入、市场退出和金融业务活动全过程的日常监管，对金融违法行为进行行政查处，从而对金融法律关系主体的权利和义务进行最基本的保障。

仲裁机构，在我国是指设在人民政府所在地的市（或其他设区的市）的仲裁委员会依法组成的仲裁庭。仲裁机构以第三人的身份对金融法律关系主体之间发生的金融合同纠纷进行调解或仲裁，可以有效解决主体之间的金融纠纷，从而实现对金融法律关系的保护。

司法机构，在我国主要指人民检察院和人民法院。人民检察院对金融犯罪案件依法行使检察权，并以国家公诉人的身份向人民法院提起公诉，对人民法院的审判活动是否合法实施监督。人民法院依法行使审判权，对当事人提起诉讼的金融纠纷案件和人民检察院提起公诉的金融犯罪案件，依法进行审判。

（2）金融法律关系的保护方法

金融法律关系的保护方法：广义上，指国家通过金融立法、金融执法和金融司法活动，保护金融法律关系当事人权利、义务的实现；狭义上，指对破坏金融法律关系的行为依法追究法律责任的方法。通常所讲的保护方法是指狭义的方法，即通过追究法律责任，实现对金融法律关系的保护。金融法律关系的保护方法主要有行政保护法、经济保护法和司法保护法。

行政保护法，指由法律规定的金融监管机构，对违反金融法律、法规的行为人，依照行政程序加以处理，以保护金融法律关系主体的权利、义务得以实现的方法。其主要体现为金融监管机构对有违法行为的金融机构或其责任人员采取行政上的处理或纠正措施，如警告、记过、记大过、降级、开除、取消业务资格等。

经济保护法，指对违反金融法律、法规的行为人，依照法律规定给予的经济处罚或责令补偿损失的措施。其具体包括赔偿损失、罚款、冻结资金、停止支付、提高或加收利息、没收财产等。

司法保护方法，包括两个方面：一是人民法院依照诉讼程序以审判方式解决金融纠纷，并对拒不履行法院判决、裁定或仲裁机构仲裁的行为予以强制执行；二是对严重违反金融法律、法规，触犯刑律的犯罪分子，由人民法院依法做出判决，追究刑事责任。

二、金融法律责任

（一）金融法律责任概述

1. 金融法律责任的概念

金融法律责任是法律责任的一种。“责任”一词在不同的地方有不同的含义。例如，每个公民都有遵守金融法律的责任，此处的“责任”相当于义务。企事业单位实行的岗位责任制中的“责任”含义为职责。本书在此所讲的法律责任则是指违法者对自己的违法行为依法承担的否定性的法律后果。

金融法律责任的含义是，金融法律关系主体由于违反金融法律义务而依法应承担的法律责任。它是国家对违反金融法定义务、超越金融法定权利界限或滥用权利的违法行为所做出的否定性评价，是国家强制违法者做出一定行为或禁止其做出一定行为，使违法者受到惩戒，使受到侵害的合法权益得到补救，使被破坏的社会关系和法律秩序得到恢复的措施。

金融法律责任具有如下特点：第一，金融法律责任与金融违法事实有不可分割的联系，没有违法事实就不承担法律责任；第二，金融法律责任体现的是金融违法者与国家之间的关系；第三，金融法律责任对于责任承担者来说是一种否定性评价，是一种体现社会谴责和国家惩罚性的法律责任；第四，金融法律责任是一定国家机关代表国家对违反金融法律、法规者实行法律制裁的根据。

2. 确认金融法律责任的依据

我国确定金融法律责任的依据主要包括：

（1）有违反金融法律义务的违法行为

金融法律义务既包括金融法直接规定的义务，也包括当事人不违反法律前提下的约定义务。违反金融法律义务的违法行为具有一定的社会危害性，它不但侵害金融法律关系主体的权利，而且还给社会带来不良影响。

（2）金融违法主体须具有责任能力

责任能力指行为人对其违法行为承担法律责任的能力。违法行为虽然是承担金融法律责任的前提，但违法行为人并不一定承担法律责任。违法者是否要承担法律责任，还要看他是否具有责任能力。责任能力确认的依据是认知能力。一般认为能理解法律要求，辨认自己行为的目的、性质及其后果，具有能够支配、控制自己行为的人为有认知能力，即有责任能力；反之，则无认知能力，也无责任能力。通常对责任能力的规定，一般以年龄作为划分标准，不同法律的责任能力的年龄规定不尽相同。

（3）违法行为人主观上有过错

过错包括故意和过失。故意是明知自己的行为会发生危害社会的结果，并希望或放任这种结果发生；过失是应当预见自己的行为可能发生危害社会的结果，却因疏忽而没有预见，或已经预见而轻信能够避免。一般在法律没有特别规定时，违法行为人只有主观上有过错，才承担法律责任。

（4）违法行为与损害结果之间有因果关系

损害是指对法律所保护的客体造成的损害，包括财产损失、人身伤害、精神损害和社会关系的破坏等。只有当违法者的行为与发生的损害结果之间存在内在的必然联系时，该主体才对其行为负法律上的责任。

3. 确认金融法律责任的原则

确认金融法律责任的原则，指在确认金融法律责任时应遵循的指导思想。它直接关系到追究金融法律责任的准确性、及时性和合法性。我国确认金融法律责任的原则包括：

（1）责任法定原则

责任法定原则指当违反金融法律规定的行为发生后，应当按照法律事先规定的性质、范围、程度、期限和方式追究违法者的责任。

（2）公正原则

公正，即公平、正义。公正原则的基本要求是：首先，对违法行为应当承担法律责任的，必须予以追究；其次，责任与违法程度相适应，即法律责任的种类、强度必须与违法行为的社会危害性、行为人的主观恶意程度和责任能力相一致；最后，法律面前人人平等。

（3）必要程序保障原则

程序保障，既是实体权力实现的充要条件，也是实体法上责任得到准确认定和追究的保证。程序保障的具体内容是法律责任的追究要履行一定的法定程序，赋予当事人以必要的程序参与权。提交司法机关追究法律责任的，要遵循民事诉讼法或刑事诉讼法的规定；

由行政机关追究行政责任的，要遵循行政处罚程序、行政复议程序和行政处分程序；对多数行政机关追究行政法律责任的裁决，当事人不服的可以依一定程序请求司法裁决。

4. **金融法律责任的免除**

金融法律责任在一定条件下可以免除。免责条件包括时效免责、不诉免责、补救免责和协议免责。

时效免责，是指违法者在其违法行为发生一定期限后不再承担强制性法律责任。我国《刑法》规定了追诉期间，《民法通则》规定了诉讼时效期间。通常，如果法律没有特别规定，过了时效期间，对金融违法行为不再追究法律责任。

不诉免责，是指某些违法行为，只有受害当事人或有关人告诉才处理，如不告，国家就不会追究违法者的法律责任。但要强调的是，在金融法律关系中，不诉免责仅适用于金融业务往来中的民事违法行为。

补救免责，是指实施违法行为的人虽对社会或他人造成了一定的损害，但在国家机关追究其责任前，及时采取了补救措施，恢复了被其侵害的社会关系，国家机关可依法对其免除部分或全部责任。

协议免责，是指双方当事人在法律允许的范围内经过协商，同意免责。此种情况只适用于某些金融民事违法行为。

5. **金融法律责任的种类**

金融法律责任是综合性的法律责任。根据违法行为人在金融活动中违反的具体法律、规范性质的不同，所侵害的社会关系的不同，可将金融法律责任分为行政责任、民事责任和刑事责任。它们分别适用于特别的社会关系领域，并共同构成完整的金融法律责任体系。

（二）金融行政责任

金融行政责任是指金融行政法律关系的主体由于违反金融行政法律义务而应当依法承担的否定性法律后果。

金融行政法律义务包括：金融行政管理机关依法履行的义务；公务员、行员遵守金融行政法律的义务；公民、法人等金融行政行为相对人遵守金融行政法的义务。

金融行政责任由国家授权的金融主管机关，包括中国人民银行、银行保险监督管理委员会、证券监督管理委员会以及其他有权机关（例如，国家审计机关）行使。

1. **责任的种类**

金融行政责任根据承担责任的主体不同，可分为金融行政机关的行政责任、金融机构工作人员的行政责任和金融行政行为相对人的行政责任；根据金融行政违法行为所违反的行政法律义务的性质不同，可分为外部行政责任和内部行政责任；根据责任承担方式的直接效果不同，可分为惩戒性行政责任和补救性行政责任，前者为行政处罚、行政处分责任，后者为行政损害赔偿责任。

2. 责任的承担方式

（1）金融行政处罚责任的承担方式

金融行政处罚责任，是指享有金融行政处罚权的主体依法对违反金融行政法律规范但尚不够金融刑事处罚的个人或组织所实施的惩罚措施。金融行政处罚责任的承担方式主要有：警告，没收非法所得和没收非法财物，罚款，停业整顿、吊销经营许可证、依法取缔，拘留。

①警告。即由做出决定的机关以书面形式做出的一种普遍的精神处罚方式，一般适用于违法较轻的行政违法人。

②没收非法所得和没收非法财物。即由行政职权机关将金融行政违法行为实施人的违法所得和非法财物收归国有的处罚方式。没收违法所得和非法财物，可以使违法者的花费无以补偿，使其失去继续或扩大违法行为的物质条件，金融法较多地采用了此种方式。

③罚款，即由行政职权机关责令违法相对人缴纳一定金额货币的经济上的处罚。我国金融法律在罚款数额的确定上通常是规定一个最高额或最低额，或者规定一个上下限。

④停业整顿、吊销经营许可证、依法取缔。其中停业整顿，是对金融组织权利能力和行为能力的中止（通常违法行为人如在停业整顿期间能够纠正其违法行为，主管部门会依法恢复其权利能力和行为能力，恢复其业务经营活动，否则将依法终止其业务活动）；吊销经营许可证，实质上就是剥夺了金融组织的权利能力和行为能力；依法取缔则是强制取消违法金融组织的存在。由此可见，吊销经营许可证和依法取缔是对金融组织最严厉的行政处罚。

⑤拘留。即公安机关对违反某些法定行政义务的相对人适用的一种在比较短的时间内限制其人身自由，以促使其反省认错的处罚方式。行政拘留在金融领域内一般适用于明知故犯、屡教不改、非法行为较为严重的相对人。

（2）金融行政处分责任的承担方式

金融行政处分责任，是指公务员或银行行员因违反行政法上的义务而应承担的行政法上的内部行政责任。目前，我国规定的行政处分形式有警告、记过、记大过、降级、降职、撤职、开除留用察看和开除八种。其中，警告、记过、记大过属精神处分；降级属薪水处分；降职、撤职、开除留用察看和开除属职务处分。

（三）金融民事责任

金融民事责任，指民事主体在金融活动中违反民事法律义务应承担的法律后果。

金融民事法律义务既包括法律直接规定的义务，也包括当事人不违背法律规定的约定义务。金融民事关系是具有财产内容的社会关系，因此金融民事责任主要是财产责任，产生民事责任的金融违法行为不能超出民法规定的违法限度和范围。

1. 责任种类

根据不同的标准，可将金融民事责任做不同的分类。

（1）以民事责任发生的根据为标准分类

以民事责任发生的根据为标准可分为合同责任、侵权责任和缔约过失责任。

合同责任，也称违约责任，是指因违反合同义务依法应当承担的责任。具有如下特点：第一，它由违反合同义务所引起，而合同义务又以存在有效的合同为前提；第二，合同责任为仅发生在特定当事人之间的责任；第三，合同的责任方式和范围具有一定的任意性，当事人可就违约金的多少和赔偿额的计算在合同中约定；第四，合同责任是一种财产责任，其存在的主要价值在于补救权利人因对方违约而造成的经济损失，或给违约行为人的经济制裁；第五，合同责任以过错为原则，在实践中较普遍的适用推定过错，即只要当事人有违反合同义务的行为事实，且无合法根据，又不能证明自己无过错，就推定其主观上有过错。借款、储蓄、结算、保险、信托、租赁等合同的当事人违反合同义务都要依法承担违约责任。

侵权责任，是指由民事法律规范规定的侵权行为人对其不法行为造成他人财产或人身权利损害所应承担的法律责任。具有如下特点：第一，它由违反民事法律规范对权利保护的不法行为所引起；第二，与违约责任相比，具有鲜明的强制性与制裁性；第三，其责任承担方式既可适用财产责任方式，也可适用非财产责任方式；第四，侵权民事责任在特殊情况下，承担责任者可以不是违法行为人本人。任何单位和个人都不能侵犯金融机构及其相对人的民事权利，否则，要承担相应的侵权民事责任。

缔约过失责任，是指订立合同的当事人，违反应当遵循的民事法律责任原则，导致合同不成立或无效，而对受损害方所承担的财产赔偿责任。缔约过失责任与合同责任（违约责任）不同，合同责任是基于合同而产生的，其根据是双方依法订立的合同条款和法律关于违约责任的规定，合同关系发生在前，违约行为发生在后，违约人侵犯的是合同双方约定的相对权利，承担责任的方式既有弥补性的方式，也有制裁性的方式。而缔约过失责任产生的根据主要是订立合同所需要遵守的法律原则——诚信原则，未形成合同关系的无效民事行为在先，债权债务关系发生在后，侵犯的是财产中的绝对权，其责任承担方式是赔偿因合同磋商及无效合同中的过错给他方造成的财产损失和返回因无效合同而非法占有的他方财产，责任承担方式被限定在弥补性方式范围内。缔约过失责任不等于合同无效的法律后果，它只是合同无效的法律后果之一。缔约过失责任的上述特点表明，它也不同于侵权责任，因为侵权责任的法律依据是民法中关于侵权民事责任和其他法律中关于侵权行为的规定，侵权行为发生在前，债权债务关系发生在后，侵犯的是财产权、人身权等绝对权，责任的承担方式主要限定在弥补性及制止性两类方式的范围之内。

（2）以是否为双方过错为标准分类

以是否为双方过错为标准可以分为单方民事责任和双方民事责任。单方民事责任指违法行为基于一方的过错原因而发生，由一方承担的民事责任；双方民事责任指违法行为基于各方过错的原因而发生，应由各方依其过错的程度承担相应的民事责任。

（3）以责任人之多寡及其关系为标准分类

以责任人之多寡及其关系为标准可分为单独责任和共同责任。单独责任是指由公民或法人一人独立承担责任的民事责任；共同责任是指由共同违法行为产生的民事责任，这些行为包括共同侵权行为和违反共同债务或其他共同义务的行为。共同责任以其分担责任的形式不同又可分为按份责任和连带责任。按份责任是指按照法律规定或合同约定，对同一责任由多数人按事先确定的份额各自分别承担的民事责任；连带责任是指违反连带债务或有共同侵权行为时所应承担的民事责任，每个责任人都有义务根据权利人的请求，全部或部分承担赔偿责任。

（4）以承担责任的财产范围不同为标准分类

以承担责任的财产范围的不同为标准可分为有限责任和无限责任。有限责任是指债务人仅以其一定限额的财产清偿债务的财产责任；无限责任是指债务人以其全部财产清偿债务的财产责任。

2. 责任的承担方式

根据《中华人民共和国民法通则》（以下简称《民法通则》）的规定，民事责任的承担方式有：停止侵害；排除妨碍；清除危险；返还财产；恢复原状；修理、重作、更换；赔偿损失；支付违约金；消除影响、恢复名誉；赔礼道歉。共十种，其中，前三种为制止性方式，支付违约金为处罚性方式，其余均为弥补性方式。

在金融民事责任里，最常见的承担责任的形式是支付赔偿金、支付违约金、返还财产和加收违约利息等。

（1）支付赔偿金

支付赔偿金，即赔偿损失，是既可适用于侵权责任，也可适用于合同责任和缔约过失责任的最普通的责任形式。赔偿金额相当于违法行为方给对方造成的实际损失，包括直接损失和期待利益损失。期待利益损失的计算原则为：①必须是当事人在行为时已经预见或者能够预见的利益；②必须是可以期待并能够收到的利益；③必须是直接因违法行为所丢失的利益。

（2）支付违约金

支付违约金，是指当事人违反合同，依法律规定或约定给对方支付一定数额金钱的责任形式，违约金包括法定违约金和约定违约金。在违约责任中，违约金责任同赔偿损失责任既有区别又有联系。联系表现为违约金具有预定的赔偿性，在约定违约金的数额内，可以把违反合同可能造成的损失估计在内，如果违约金不足以弥补对方的损失，违约方还须支付赔偿金。区别主要表现在以下三个方面：①违约金是事先规定或约定的，只要违约行为人有过错，即须支付违约金，而赔偿损失则是违约后才确定的，须有损失才能支付；②违约金具有两重性，在一定条件下，可起到惩罚或补偿作用，而赔偿金只有补偿作用；③违约金的数额与损失无必然联系，只要不违背法律，可由当事人协商约定，而赔偿损失的金额，则以实际损失金额为准。

（3）返还财产

返还财产，是指财产的非法占有人将非法占有的财产归还财产所有人或合法占有人，其中也包括银行返还被其非法扣划的存款。在返还财产时，原物的孳息也必须同时返还。

除上述三种形式外，加收利息以及提前收回贷款、停止支付借款人尚未使用的贷款，也是违反借款合同义务的借款人应承担的责任形式。

3. 民事制裁

在金融法律关系中，当民事主体在从事金融活动中发生了侵权行为，在民事责任尚不足以制裁其侵权行为时，人民法院还要依法对其实行民事制裁。

民事制裁，是指人民法院对违反民事法律应负民事责任的行为人采取的处罚措施，包括训诫、责令具结悔过、收缴进行非法活动的财物和非法所得、罚款和拘留等。民事制裁的对象主要是那些承担民事责任尚不足以惩戒其不法行为的严重的违法行为人。它是国家对民事活动实施干预的形式，是配合民事责任发挥作用的措施。

（四）金融刑事责任

金融刑事责任，是指严重违反金融法并触犯刑法的犯罪者应承担刑罚制裁的否定性法律后果。金融刑事责任除具有一般刑事责任的特点外，它的另一个特点是，它是金融犯罪行为人承担的一种刑事责任。

1. **金融犯罪的种类**

通常对金融犯罪进行分类的主要标准是犯罪客体或犯罪对象。根据《刑法》的规定，金融犯罪可划分为破坏金融管理秩序罪和金融诈骗罪。由此，也可将金融刑事责任划分为破坏金融管理秩序罪的刑事责任和金融诈骗罪的刑事责任。

（1）破坏金融管理秩序罪

破坏金融管理秩序罪，是指违反国家法律法规及有关规定，侵犯金融管理关系，扰乱金融市场秩序，依照刑法应受刑罚处罚的行为。

①破坏金融管理秩序罪的特点

破坏金融管理秩序罪有如下特点：第一，主体方面，犯罪主体既可以是自然人，也可以是单位，既包括一般主体，也包括特殊主体；第二，客体方面，无论是何种破坏金融管理秩序罪，其犯罪客体都是共同的，即犯罪行为必然侵犯特定的金融管理关系，这是破坏金融管理秩序罪最本质的法律特征；第三，主观方面，犯罪行为人在主观上绝大多数属故意，且一般是直接故意；第四，客观方面，犯罪行为形式绝大多数是作为，个别罪名不作为也可构成。

②破坏金融管理秩序罪的种类

根据《中华人民共和国刑法修正案（十）》第三章第四节的规定，破坏金融管理秩序罪主要包括：伪造货币罪；出售、购买、运输假币罪；金融工作人员购买假币、以假币换取货币罪；持有、使用假币罪；变造货币罪；擅自设立金融机构罪；伪造、变造、转让金融机构经营许可证、批准文件罪；高利转贷罪；骗取贷款、票据承兑、金融票证罪；非法吸收公众存款罪；伪造、变造金融票证罪；妨害信用卡管理罪；窃取、收买、非法提供信用卡信息罪；伪造、变造国家有价证券罪；伪造、变造股票、公司、企业债券罪；擅自发行股票、公司、企业债券罪；内幕交易、泄露内幕信息罪；利用未公开信息交易罪；编造并传播证券、期货交易虚假信息罪；诱骗投资者买卖证券、期货合约罪；操纵证券、期货市场罪；职务侵占罪；贪污罪；非国家工作人员受贿罪；受贿罪；挪用资金罪；挪用公款罪；背信运用受托财产罪；违法运用资金罪；违法发放贷款罪；吸收客户资金不入账罪；违规出具金融票证罪；对违法票据承兑、付款、保证罪；逃汇罪；洗钱罪。

（2）金融诈骗罪

金融诈骗罪，是指违反国家法律法规及有关规定，采用诈骗手段，侵犯国家、集体及个人货币资金所有关系，依照刑法应受刑罚处罚的行为。

①金融诈骗罪的特征

金融诈骗罪除具有一般诈骗罪的主要特征，即以非法获取并占有为目的，使用虚构事实或隐瞒真相的方法，骗取他人财物之外，还具有如下特征：第一，主体方面，犯罪主体既可以是自然人，也可以是单位，既包括一般主体，也包括特殊主体；第二，客体方面，犯罪客体为复杂客体，即犯罪行为既侵犯特定的金融管理关系，同时还侵犯特定的货币资金关系，这也是金融诈骗罪最本质的特征；第三，主观方面，犯罪行为人主观上均为故意，均有非法获取并占有他人财产的目的；第四，客观方面，犯罪行为均为作为，不作为不构成本罪的客观要件。

②金融诈骗罪的种类

根据《中华人民共和国刑法修正案（十）》第三章第五节的规定，金融诈骗罪主要包括：集资诈骗罪；贷款诈骗罪；票据诈骗罪；金融凭证诈骗罪；信用证诈骗罪；信用卡诈骗罪；盗窃罪；有价证券诈骗罪；保险诈骗罪。

2. 金融刑事责任的承担方式

根据《刑法》对破坏金融管理秩序罪和金融诈骗罪的规定，金融刑事责任的承担方式主要有拘役、有期徒刑、无期徒刑、死刑，附加刑有罚金和没收财产。

（1）拘役

拘役，是短期剥夺犯罪分子的人身自由，就近强制进行劳动改造的刑罚方法。它适用于罪行情节较轻、不需要长期关押改造的犯罪分子。在金融犯罪中，拘役通常与罚金一并使用。

（2）有期徒刑

有期徒刑，是剥夺犯罪分子一定期限的人身自由，并实行强迫劳动改造的刑罚方法。就剥夺自由而言，与拘役相似，但两者在期限、执行场所、执行期间的待遇和法律后果上有所不同。

（3）无期徒刑

无期徒刑，是剥夺犯罪分子终身自由，并实行强迫劳动改造的刑罚方法。它是仅次于死刑的严厉刑罚，故只适用于严重的犯罪。

（4）死刑

死刑，是剥夺犯罪分子生命的刑罚方法。它只适用于罪行极其严重的犯罪分子，例如对伪造货币集团的首要分子通常处以死刑。

（5）罚金

罚金，是审判机关判处犯罪分子向国家缴纳一定数额金钱的刑罚方法。它与行政罚款的区别为：行政罚款的对象为违反行政管理法规，但还没有达到犯罪程度的违法分子，是由行政机关做出的处罚；罚金是对犯罪分子的一种刑罚方法，由审判机关判处。在刑罚改革中，罚金刑虽在世界各国的地位不断上升，甚至升为主刑，如德国、法国、日本等，但在我国目前还只是作为一种附加刑而广泛采用。在金融犯罪的刑罚中，除少数条款未有罚金的规定外，大多数条文都有并处罚金的规定。

（6）没收财产

没收财产，是将犯罪分子个人所有财产的部分或全部强制无偿收归国有的刑罚方法。它与罚金不同的是，罚金是剥夺犯罪分子一定数额的金钱，而没收财产则是剥夺犯罪分子个人的财产。所以，没收财产是重于罚金的刑罚方法。另外，没收财产与没收非法所得也不同：没收非法所得是使用行政强制手段使公私财产恢复原状，没收财产前文已述。

第二章 银行法律制度与实务研究

第一节　中央银行法律制度研究

一、中央银行法概述

（一）中央银行法的概念

中央银行法是规定中央银行的地位、性质、职能、组织、业务范围等内容的法律规范。中央银行是负责管理一国金融事业，制定和执行国家的货币信用政策，调节和控制货币流通及信用活动，依法管理监督其他金融机构的国家机关。中央银行在各个国家的金融体系中居于核心地位，是国家贯彻金融业法律法规及政策，实现国家管理、干预经济职能的最重要的机构。

（二）我国的中央银行及其立法

中国人民银行是我国的中央银行。中国人民银行于 1948 年 12 月 1 日成立，1983 年 9 月经国务院决定由其专门行使国家中央银行的职能。1995 年 3 月 18 日，第八届全国人民代表大会第三次会议审议通过了《中国人民银行法》，至此，中国人民银行作为中央银行以法律的形式被正式确定下来。为了适应我国经济的发展水平，第十届全国人民代表大会常务委员会第六次会议于 2003 年 12 月 27 日通过了《全国人民代表大会常务委员会关于修改〈中华人民共和国中国人民银行法〉的决定》，新修订的《中国人民银行法》于 2004 年 2 月 1 日起正式施行。

（三）中国人民银行的法律地位

综观《中国人民银行法》，可以看出它从以下四个方面确立了中国人民银行的法律地位。

1. 独立的法人组织

中国人民银行是一个独立的法人组织，它拥有自己的资本，有自己的营业收入和支出，享有独立的民事权利，单独承担民事责任。例如，《中国人民银行法》第二十三条规定了中国人民银行可以在公开市场上买卖国债、其他政府债券和金融债券及外汇，这体现了一种民事法律关系，与行政管理中的管理者和被管理者的关系截然不同。

2. 特殊的金融机构

根据《中国人民银行法》的规定可知，中国人民银行既是政府的银行，也是银行的银行，处于我国金融体系中核心的地位。中国人民银行不以营利为目的，可以代表国家制定统一的货币政策，可以管理国库、调控经济，这是其他银行所不具有的职能，因此，它不是一般的金融机构，而是居于其他商业银行及金融机构之上的特殊的金融机构。

3. 特殊的国家机关

中国人民银行不仅是金融机构，还是国务院领导下的一个国家机关。之所以说它特殊，是因为其职能的履行是通过货币信用手段来完成的，而非像其他行政机关用行政手段来完成。

4. 独立行使职权

《中国人民银行法》第七条规定："中国人民银行在国务院领导下依法独立执行货币政策，履行职责，开展业务，不受地方政府、各级政府部门、社会团体和个人的干涉。"这是我国第一次用法律的形式规定了中国人民银行与政府机关及社会团体和个人的关系，从而在法律上确立了中国人民银行作为我国中央银行的地位和性质。

二、中国人民银行的法律性质与地位

《中国人民银行法》第二条明确规定："中国人民银行是中华人民共和国的中央银行。中国人民银行在国务院领导下，制定和执行货币政策，防范和化解金融风险，维护金融稳定。"《中国人民银行法》第五章专门规定了对金融市场实施宏观调控，对金融机构以及其他单位和个人的监督管理权。这些规定，不仅明确了中国人民银行作为制定和执行货币政策，履行对金融进行监督管理的国家宏观调控部门的主要性质，而且确立了中国人民银行的中央银行法律地位，为其行使中央银行的各项职权提供了法律依据。

中国人民银行作为政府的综合经济管理的职能部门，又与一般政府机关不同。中国人民银行不仅仅是银行，而且也是我国发行货币的银行，是带有政府性质的银行。同时，中国人民银行作为中央银行的特殊法律地位，决定了它制定、执行货币政策的独立性和履行职责、开展业务的独立性。

三、中国人民银行的职能和职责

中国人民银行的中央银行法律地位，是通过其职能和具体职责体现的。按照《中国人民银行法》的规定，它主要行使三大职能。

第一，宏观调控职能。通过货币政策的制定与实施，保持社会总供给和总需求的总量平衡，在此前提下，优化国民经济结构。具体来说，要保证货币供应总量的适度增长，使货币供应和货币需求大体上平衡。

第二，服务职能。为政府服务，即充当政府的银行；为金融机构服务，充当银行的银行。

第三，监管职能。为执行货币政策和维护金融稳定的需要，可以对包括银行业在内的金融机构的金融活动进行监督管理。

按照《中国人民银行法》第四条的规定，中国人民银行依法履行下列十三项职责（见表2-1）。

表2-1 中国人民银行的十三大职责

十三大职责
（1）发布与履行其职责有关的命令和规章
（2）依法制定和执行货币政策
（3）发行人民币，管理人民币流通
（4）监督管理银行间同业拆借市场和银行间债券市场
（5）实施外汇管理，监督管理银行间外汇市场
（6）监督管理黄金市场
（7）持有、管理、经营国家外汇储备、黄金储备
（8）经理国库
（9）维护支付、清算系统的正常运行
（10）指导、部署金融业反洗钱工作，负责反洗钱的资金监测

（续表）

十三大职责
（11）负责金融业的统计、调查、分析和预测
（12）作为国家的中央银行，从事有关的国际金融活动
（13）国务院规定的其他职责。

上述职责是实现三大职能的保证

四、中国人民银行的业务限制

中国人民银行作为中央银行是货币发行机关，又是调整银行利率，从事法定金融业务的特殊金融机构。中央银行从事金融业务会对资金供求关系有很大的影响。为了保证中国人民银行执行货币政策的有效，《中国人民银行法》规定在中央银行办理业务时，也要受到一定的限制：①禁止中国人民银行向银行业金融机构的账户透支。②对商业银行贷款期限的限制，即贷款期限不得超过1年。③禁止中国人民银行对政府财政透支。④对地方政府、各级政府部门、非银行金融机构和单位、个人提供贷款的限制。⑤禁止中国人民银行向任何单位和个人提供担保。

五、中国人民银行的金融监管

金融监管是指为了社会公共利益的需要，中央银行或其他金融监管机构依据法律、行政法规，运用公权力，对各类金融机构和各种金融活动进行限制和约束的一系列行为的总称。

广义上讲，金融监管除了银行业之外还包括证券业监管、保险业监管等。20世纪80年代以前，大多数国家均采用中央银行是唯一监管机构的体制。但随着时代的发展，这种制度设计已经不能满足金融监管的需要，于是许多国家另设金融监管机构对非银行金融机构进行监管，如，成立专门的保监会、证监会等。我国实行的是分业经营、分业监管，故《中国人民银行法》只对狭义的银行业及其活动的监管做出了规定。

（一）中国人民银行金融监管的目的

根据《中国人民银行法》及相关法律、法规规定，中国人民银行实行金融监管的主要目的是：①保证金融业的合法和稳健运行；②保护投资者的合法权益；③维护整个金融体系的公平竞争及金融秩序的稳定；④促进金融机构的经济活动与国家宏观政策保持一致。

总之，中国人民银行要通过对金融机构的监管，实现金融业高速、稳健、有序的运行，从而最终促进我国国民经济健康、持续、稳定及和谐发展。

（二）金融监管的内容

银行业监督管理委员会成立以后，中国人民银行的大部分金融监管职能转由其行使，中国人民银行只保留部分职能，主要包括以下四大部分。

1. 对金融机构的行为进行监管

《中国人民银行法》第三十二条详细地规定了中国人民银行金融监管的内容，主要包括以下九个方面。

（1）执行有关存款准备金管理规定的行为。为了保证商业银行及其他金融机构能够满足广大客户的提款需要，防止商业银行及其他金融机构盲目扩大信用，中国人民银行应通过存款准备金政策对金融市场进行调控。存款准备金是指商业银行按照法律规定的比例，将接受的存款总额的一定比例存入中央银行，在我国就是交存中国人民银行。① 存款准备金的缴纳是为了保证商业银行在面临储户大量取款时有足够的清偿能力，避免商业银行发生信用危机。中国人民银行根据我国每一时期的货币政策要求，为不同的存款种类和规模确定相应的准备金率，商业银行和其他金融机构必须根据自己的存款量足额缴纳。并且，中国人民银行还有权监督检查执行有关存款准备金管理规定的行为。

（2）与中国人民银行特种贷款有关的行为。特种贷款是指经国务院决定，由中国人民银行向各金融机构发放的用于特定目的的贷款。中国人民银行根据国务院的决定向金融机构发放特种贷款后，有权检查和监督各金融机构与特种贷款有关的行为。②

（3）执行有关人民币管理规定的行为。中国人民银行作为我国的中央银行，发行人民币是其法定职责。中国人民银行不仅要管理人民币的发行，还要负责人民币的流通，依法及时收回、销毁残缺、污损的人民币。禁止伪造、变造人民币；禁止出售、购买伪造、变造的人民币；禁止运输、持有、使用伪造、变造的人民币；禁止故意毁损人民币；禁止在宣传品、出版物或者其他商品上非法使用人民币图样。对此，中国人民银行有权制定有关人民币管理的规定，并可检查和监督有关人民币管理规定的执行情况。

（4）执行有关银行间同业拆借市场、银行间债券市场管理规定的行为。改革开放后，我国经济快速发展，金融体制也逐渐建立和完善，银行间同业拆借市场、银行间债券市场相继形成。为了对其进行规范和监管，2003 年修改的《中国人民银行法》增加了中国人

---

① 吴志攀．中央银行法制［M］．北京：中国金融出版社，2005：60.

② 刘亚天．金融法［M］．北京：中国政法大学出版社，2009：44.

民银行对这些市场进行监管的职能。

（5）执行有关外汇管理规定的行为。我国加入WTO后，外汇监管这一问题日益突出。根据《银行业监督管理法》、新修订的《中国人民银行法》、《商业银行法》的相关规定，对外汇的管理由中国人民银行负责。

（6）执行有关黄金管理规定的行为。根据我国现行法律规定，国家对于金银实行统一管理。中国人民银行则是黄金管理的主管机关。中国人民银行不仅负责黄金的储备、收购和配售，还负责会同国家有关物价部门对其进行定价。2003年修改的《中国人民银行法》对此做了明确的规定。

（7）代理中国人民银行经理国库的行为。中央银行作为政府的银行，一般都被授予经理国库的职责。中国人民银行作为我国的中央银行自然也不例外。为了有效行使这一职责，中国人民银行有权依照本条规定对经理国库行为进行检查和监督。

（8）执行有关清算管理规定的行为。清算是指一定经济行为引起的货币关系的计算和结清，是中央银行为商业银行之间的资金了结和清偿提供的一种服务。《中国人民银行法》第二十七条明确规定："中国人民银行应当组织或者协助组织银行业金融机构相互之间的清算系统，协调银行业金融机构相互之间的清算事项，提供清算服务。具体办法由中国人民银行制定。"为了维护清算系统的正常运行，中国人民银行应对执行有关清算管理规定的行为进行监管。

（9）执行有关反洗钱规定的行为。为了保证中国人民银行履行好指导、部署金融业反洗钱工作的职责，中国人民银行有权对反洗钱工作进行监管。为此，中国人民银行先后制定了《金融机构反洗钱规定》《人民币大额和可疑支付交易报告管理办法》及《金融机构大额和可疑外汇资金交易报告管理办法》等规定，并适时对其进行了修订。

2. 可能发生金融风险时的监管

根据《中国人民银行法》的规定，中国人民银行在国务院的领导下制定和执行货币政策，防范和化解金融风险，维护金融业的稳定。银行业金融机构出现支付困难往往是风险管理、内部控制、资本充足率、资产流动性等审慎经营方面出现严重问题的反映，可能会对金融体系产生重大的影响，如，发生挤兑，尤其当大型银行业金融机构发生支付困难时，很可能造成全局性的金融风险，使整个系统陷入瘫痪。中国人民银行担负着防范和化解金融风险、维护金融业稳定的职责，当银行业金融机构发生支付困难、可能引发全行业金融风险时，赋予中国人民银行检查监督的权力是十分必要的。因此，《中国人民银行法》第三十四条规定："当银行业金融机构出现支付困难，可能引发金融风险时，为了维护金融稳定，中国人民银行经国务院批准，有权对银行业金融机构进行检查监督。"

3. **建议银监会对银行业金融机构进行监管**

银行业监督管理委员会成立后，承担了对银行业金融机构及其业务活动进行监管的职责。但由于中国人民银行与银行业金融机构关系密切，银行业金融机构的资产负债表、利润表以及其他财务会计、统计报表和资料均可被要求送往中国人民银行，故中国人民银行可以在工作过程中发现银行业金融机构在业务活动中所存在的问题。因此，《中国人民银行法》第三十三条规定："中国人民银行根据执行货币政策和维护金融稳定的需要，可以建议国务院银行业监督管理机构对银行业金融机构进行检查监督。国务院银行业监督管理机构应当自收到建议之日起30日内予以回复。"这有利于及时发现并化解金融风险，保护客户的合法权益，维护我国金融业的稳定。

4. **中国人民银行的内部监管**

中国人民银行作为我国的中央银行，承担着保护储户合法权益、维护金融市场稳定运行、促进金融业蓬勃发展的职责。在履行自己职能的过程中，中国人民银行又必与外界发生千丝万缕的联系，这就要求中国人民银行建立、健全本系统内部的稽核、监察制度，加强内部管理，以确保中国人民银行行使中央银行职权的权威性和公正性。

中国人民银行内部稽查、检查的对象是中国人民银行总行、分行及其支行。内部稽查、检查的主要内容包括三个方面：一是对中国人民银行行使中央银行职能，从事有关业务活动方面的监察；二是对中国人民银行工作人员有无违法、违纪情况进行监督；三是对中国人民银行的财务收支情况和会计事务进行监察。

（三）金融监管的方法

根据《中国人民银行法》的有关规定，中国人民银行进行金融监管主要采取以下三种方法。

1. **随时稽查、监察监督**

稽查监督是中国人民银行的一项重要职责，是调节控制金融活动的重要工具，亦是领导和促进金融事业健康发展的重要手段。金融稽查是指中国人民银行专职稽查机构的工作人员，以银行业金融机构的业务、会计、统计材料为依据，对照国家政策和制度，运用行政手段和经济手段，检查并审核金融机构的业务活动和财务收支情况的一种金融监管活动。

银行业金融机构有义务随时接受中国人民银行的监督检查，中国人民银行可根据我国的法律、法规及金融政策，对银行业金融机构的存款、贷款、结算和呆账等情况进行随时检查，对各类金融机构的安全性、合法性、流动性及效益性等情况做出判断。

2. 通过行政方式进行监管

行政方式是指中国人民银行可以通过制定政策、发布方针、做出批示等方法来指导和规范银行业金融机构的活动。这种方式在我国现行体制中体现得尤为明显。中国人民银行的行政方式主要包括三个方面：一是制定规章；二是发布指令计划；三是做出中国人民银行理事会的决策。行政方式虽具有见效快、效果显著等特点，但随着经济的不断发展，我国应弱化这种监管方式，代之以经济方式进行监管，以适应时代发展的潮流。

3. 要求银行业金融机构报送有关资料

《中国人民银行法》第三十五条规定："中国人民银行根据履行职责的需要，有权要求银行业金融机构报送必要的资产负债表、利润表以及其他财务会计、统计报表和资料。"中国人民银行可根据各银行业金融机构报送的有关材料对其进行全方位的监管。

第二节　商业银行法律制度研究

一、商业银行法的概念

商业银行是指依照商业银行法和公司法设立的吸收公众存款、发放贷款、办理结算等业务的企业法人。商业银行法是规范商业银行的法人资格、业务范围、经营原则，银行的设立、变更和终止，清算和解散的条件、程序，银行业务的监督和管理及银行的法律责任的法律规范。

二、商业银行的业务范围

商业银行以安全性、流动性、效益性为经营原则，其业务按照资金来源和用途可以分为负债业务、资产业务和中间业务。《商业银行法》规定，商业银行可以经营下列部分或者全部业务。

（一）负债业务

负债业务指商业银行通过一定的形式，组织资金来源的业务。其主要包括：吸收公众存款；发行金融债券；从事同业拆借。

（二）资产业务

资产业务指商业银行利用其积聚的货币资金从事各种信用活动的业务，是商业银行获得收益的主要方式。其主要包括：发放短期、中期和长期贷款；办理票据承兑与贴现；买卖政府债券、金融债券。

（三）中间业务

中间业务主要是指商业银行在进行这个业务当中不需要动用自己银行的资金，只需要帮助客户进行一些交付事项或者客户委托银行所办理的一些业务所收取的手续费的业务。在银行的三大业务中，中间业务也是比较重要的一部分，这些业务主要包括办理银行卡、代理国家政府债券、办理国内外的结算、代理购买外汇、提供担保、提供保管箱服务等。

三、商业银行的设立条件

商业银行的设立要比普通法人公司的设立要求更加严格。依据我国相关法律的规定，商业银行的设立应符合以下几个条件。

①具有符合相关法律规定要求的章程。

②拥有商业银行法限制的最低注册资本限额。不同的商业银行所需要的最低注册资本各不相同，根据我国商业银行法的有关规定，国家性质的商业银行的最低注册资本为十亿元人民币，地区性质的商业银行的最低注册资本为一亿元人民币，农村商业银行的最低注册资本为五千万元人民币。

③具有相应知识的董事与高级管理人员。

④拥有健全的组织机构和制定严格的管理制度。

⑤具有固定的营业场所，并且营业场所的安全措施达到了国家所规定的标准。

商业银行设立要经过国务院银行业监督管理机构的审查，否则不得在公司名称中使用“银行”字样。经批准的商业银行，银行业监督管理机构核发经营许可证，并向工商行政管理部门登记，领取银行营业执照。

四、商业银行的设立程序

（一）申请

设立商业银行，申请人应当首先向国务院银行业监督管理机构提交申请书、可行性研究报告等文件、资料。上述申请经审查符合规定的，申请人应当填写正式申请表，并提交章程草案等文件、资料。

（二）批准并登记

申请之后得到批准的商业银行，必须由我国的国务院中银行业监督管理机构颁发商业银行的经营许可证，凭借经营许可证到我国的工商行政机构进行登记，领取商业银行的营业执照。

商业银行应该严格按照我国的法律规定使用经营许可证，禁止伪造、转让、出租经营许可证等行为，一旦发现，追究相关的法律责任。

（三）公告

经过批准并登记设立的商业银行，必须由我国国务院的银行业监督管理机构进行公告。商业银行取得营业执照之日起计算在六个月内没有正当理由的情况下没有进行开业的，我国国务院的银行业监督管理机构有权吊销其商业银行的经营许可证。商业银行开业之后连续六个月停业的，我国国务院的银行业监督管理机构也有权吊销商业银行的经营许可证。

五、商业银行的业务管理

（一）存款业务管理

商业银行向个人以及企事业单位提供存款服务时，应按照中国人民银行的规定施行，确定存款利率结构，并在营业厅的明显位置进行公告。在个人和企事业单位存款到期时，商业银行应及时支付存款本金与利息。除有特殊情况以外，商业银行不能随意处理任何单位或者个人的存款，并保障存款安全。

（二）贷款业务管理

依据社会经济发展的需要以及相关管理机构的指导，商业银行应向社会发展贷款业务。依据中国人民银行的贷款指导文件，商业银行确定自身贷款利率结构，并严格执行相应贷款制度。为保证贷款还款，商业银行应严格审查借款人的用途与偿还能力，依据不同的情况要求借款人提供担保，并对保证人的偿还能力抵押和质押的物品价值进行严格审查。在审查确认符合贷款条件以后，再决定是否发放贷款。若发放贷款，商业银行需要与借款人签订书面合同，应约定贷款类型、用途、金额、利率、期限、还款方式、违约责任和双方应确定的其他事项。

商业银行可以发放的贷款有严格的要求。依据我国相关法律对商业银行贷款的规定，商业银行的资本充足率不得低于8%；贷款余额与存款余额的比例不得超过四分之三；流动性资产余额与流动性负债余额的比例不得低于25%；对同一借款人的贷款余额与商业银行的资本余额比例不得超过10%；遵守银监会的其他贷款规定。

商业银行不得向专业管理人员的近亲属及其他有利益关系的人员或者单位发放信用贷款，担保贷款条件不得优于其他同类借款人的条件。

借款人应按照约定按期归还贷款本金与利息。贷款逾期或者存在其他不良贷款现象商业银行应按照贷款约定合同行驶相应权利，如出现障碍，商业银行应及时起诉至法院。

（三）其他业务管理

我国的《商业银行发展法》规定我国商业银行不得从事信托与证券经营业务，不得以任何名义从事自用不动产或者其他非银行类金融机构与企业投资，国家另有规定的除外。发行债券或者境外借款，应当符合相应法律和行政法规的比准。

商业银行票据业务应依照相应规定期限兑现，不得进行违反规定的操作。商业银行表外义务也应当以公平信用为基本准则开展，不得随意修改相应规章制度。

六、法律责任

（一）损害存款人或其他客户利益的法律责任

有下列情形之一的，商业银行应当承担对客户造成经济损失的民事责任，并进行履约赔偿。

①因不正当理由或者无故拖延支付存款本金与利息的。

②违反票据承兑以及其他结算业务规定，不予入账，压单、压票或者其他违反退票规定的。

③非法对存款账户进行操作的。

④违反相关法律规定对客户造成实际损害的其他行为。

商业银行存在上述行为的应由银监会进行监督管理进行改正，存在违法所得的，应没收违法所得，并依据相应标准进行处罚。

（二）非法从事金融业务，违规操作业务的法律责任

我国商业银行没有特殊规定的情况下不得从事金融业务，若发现将面临没收违法所得并进行相应罚款的处罚。我国法律对存款机构的限制非常严格，根本目的是为了保障存款

人的利益。一旦因为从事金融业务而陷入破产边缘，首先威胁的将是存款人的利益；其次则是对整个国民经济体系造成威胁。

（三）违反金融监管的法律责任

银行业监督管理委员会是对银行业进行监管的专门机构，其目的是为了保障银行业的安全有效运行。商业银行应按照银行业监督管理委员会的要求从事自己的生产经营活动。商业银行有下列情形之一的，银行业监督管理委员会有权对其进行20万元以上50万元以下罚款、吊销许可证以及其他不同程度的处罚。

①拒绝银行业监督管理委员会检查或者给他造成障碍的。

②提供虚假财务会计报告，或者隐瞒重大事项的。

③未遵守银行业监督管理委员会关于资本充足率、存贷比率、资产流动性比率、重大借款人贷款比率以及其他指标要求的。

④未按照中国人民银行规定缴存存款准备金的。

（四）工作人员的法律责任

商业银行工作人员利用职务上的便利，索取、收受贿赂或者违反国家规定收受各种名义的回扣、手续费；贪污、挪用、侵占本行或者客户资金，玩忽职守造成损失的；泄露在任职期间知悉的国家秘密、商业秘密的，构成犯罪的，依法追究刑事责任；尚不构成犯罪的，应当给予纪律处分。

商业银行相关工作人员违反近亲属相关规定进行私人牟利的，如果造成损失应承担对所造成损失的全部或者部分赔偿责任，未造成贷款损失的则应给予纪律处分。如果其他单位或个人强令其发放贷款而未予拒绝的，应当首先给予纪律处分，造成损失应承担部分赔偿责任。

第三节　政策性银行法律制度研究

一、政策性银行概述

（一）政策性银行的概念和分类

1. 政策性银行的内涵和特征

政策性银行，是由政府创立，以贯彻政府经济政策为目标，在特定领域开展金融业务的专业性金融机构。政策性银行一般具有以下特征。

①政府出资设立。各国的政策性银行，大多数都由政府全额出资创立，如，日本的“二行九库”、美国的进出口银行等；也有政府部分出资，联合商业性金融机构共同创立的政策性银行，如法国对外贸易银行。我国的政策性银行均为政府全额出资。

②以实现国家政策为目的。政策性银行以贯彻政府产业政策和区域发展战略为目的：首先，在总体经营战略上，必须接受政府或有关政府部门的直接领导与监督，高层理人员往往由政府直接任命。其次，在资金上以政府财政为后盾。政府除拨付全部或部分资本金外，通常也根据需要拨给或贷给一定数额的营运资金，并为其筹资出具担保，其经营亏损由财政弥补。最后，在业务上奉行特殊的融资原则，其融资以中长期融资为主，利率一般低于商业性融资，有时甚至低于筹资成本。

③以信用为基础开展金融业务。与财政资金的运动方式不同，政策性银行在资金筹集与运用两个方面，都必须坚持信用原则，以偿还和有偿为条件。这与商业银行相同。

④特定的业务领域和业务对象。政策性银行的业务不具有综合性的特点，通常集中于以下领域：第一，国民经济的支柱产业及对国民经济的均衡发展具有关键意义的产业，如交通、能源、水利、对外贸易、农业等。第二，对社会稳定和提高人民生活水平具有重要影响的方面，如社会公共福利设施建设、住房建设等。第三，支持某些特殊产业的成长，因为这些产业如果缺乏政府的特殊支持与保护，就可能停滞不前甚至萎缩。

2. 政策性银行的分类

政策性银行按照不同的标准可以划分为不同的类型。

①按活动范围可以划分为全国性与地方性政策性银行。全国性的政策性银行，在业务范围上覆盖全国，世界各国的政策性银行，绝大多数属此种类型；而地方性的政策性银行，常见于区域经济发展失衡的不发达国家，主要用于重点投资开发某一落后地区。

②按组织结构可以划分为单一型和“金字塔”型。单一型的政策性银行，不设分支机构。而“金字塔”型的政策性银行，有一个由总机构领导、由不同层次的会员或分支组成的机构体系，各国的农业政策性银行多属此类。此外，有些政策性银行既非纯粹的单一型，也不具有完整的“金字塔”型机构网络，而是根据业务的需要设有少量的分支机构或办事机构。

③按业务领域划分为农业、对外贸易、住宅建设、中小企业的经济开发、基础设施、主导产业、环境保护、国民福利等政策银行。

（二）政策性银行法的概念

政策性银行法是指调整政策性银行活动过程中所产生的社会关系的法律规范的总称。

我国目前尚未制定《政策性银行法》，调整政策性银行的法律主要是《中国人民银行法》《银行业监督管理法》的有关规定。政策性银行依照经国务院批准的《国家开发银行章程》《中国进出口银行章程》和《中国农业发展银行章程》开展业务活动。财政部、中国人民银行发布的一些行政规章，如，《国家政策性银行财务管理规定》《政策性银行金融债券市场发行管理暂行规定》等。

政策性银行在其活动过程中必然要与其他机构发生各种业务的或非业务的关系。这些机构主要包括政府、中央银行、商业银行及其业务往来对象。

1. 政策性银行与政府的关系

政策性银行是以贯彻政府产业政策和区域发展战略为目标的政府金融机构，所以它们与政府有着特别密切的关系。这种关系主要体现为：

①政策性银行由政府创立，并由国家权力机关或政府颁布单行法律或行政法规对其进行规范。政策性银行不以盈利为目的，专以实现政府经济政策为宗旨。“政策性”是其业务活动的主要特征。

②政策性银行由国家财政出资设立。政府财政除拨付全部或部分资本金，通常还拨付或者贷给一定的营运资金，并弥补其经营亏损，而且政策性银行对外筹资时，往往由财政提供担保。

③政策性银行的高层管理人员由政府任免。其监督机构也往往由政府任命的人员组成，对其业务监督管理，特别是贯彻政府经济政策的情况实行监督。

2. 政策性银行与中央银行的关系

由于政策性银行不以盈利为目的，它以“保本、微利”为原则，加之数量有限，受政府的直接控制，并且不具有创造信用的能力，所以中央银行一般不直接管理政策性银行，而是将金融调控与金融监管的重心，放在商业性金融机构，特别是商业银行。但是，中央银行作为管理全国金融事业的国家机关，对作为金融机构体系重要成分的政策性银行，也必须在业务上给予必要的指导与监督。二者的关系具体表现在以下方面。

①中央银行对政策性银行的业务有指导与监督的职责和权限，而政策性银行亦须尽力与中央银行的货币信用政策保持协调一致。

②中央银行的再贴现和再贷款是政策性银行重要的资金来源。

③中央银行可以委托政策性银行办理特定的政策性信贷业务，并提供贴息资金。

④在人事管理方面，中央银行的代表往往直接在政策性银行的董事会、监事会或其他决策机构中任职。

⑤在极少数国家，吸收存款的政策性银行必须向中央银行交存存款准备金。

我国三家政策性银行均为直属国务院领导的政策性金融机构，在业务上接受中国人民银行和国务院银行业监督管理机构的指导、监督。

3. 政策性银行与商业银行的关系

政策性银行与商业银行的关系，可以概括为以下三点。

①法律地位平等。政策性银行虽然与商业银行具有不同的法律地位，在业务上有明显的政策色彩，且能够得到政府的积极支持，享有较多的优惠，但它们对商业银行依法不具有监督管理和发布指令的权力，因此在法律上，政策性银行与商业银行地位平等，都是独立的企业法人。

②职能互补。在市场金融体系中，商业银行是金融体系的主体，而政策性银行则有选择地在商业银行不涉及或较少涉及的领域开展活动，对商业银行进行补充、辅助和引导，彼此不存在替代与竞争的关系。

③业务协作。政策性银行的业务，可以通过自设的分支机构办理，但对单一型的或者只设有少量分支机构的政策性银行，往往必须委托其他金融机构代办。此外，政策性银行对于商业银行所从事的符合政策要求的业务活动，可以提供再贷款、利息补贴和还款担保，以资鼓励和支持。

4. 政策性银行与其他往来对象的关系

由于政策性银行都有各自的经营范围和业务重心，所以其往来对象通常也有特定的范围。政策性银行与往来对象的关系主要有两个方面。

①投资关系，即政策性银行认购往来对象发行的公司债券或参与股本，形成了投资关系。

②信贷关系，即政策性银行以直接或间接的方式，向其业务对象提供贷款。这种关系是典型的民商法律关系。

（三）政策性银行的基本职能

1. 政策性银行的存在价值

政策性金融是相对商业性金融而言的，二者的本质区别在于其政策性。这种政策性体现在它设立的目的不是为了营利，而是根据政府的政策意图，通过对特定产业的扶持，实现经济结构的调整。政策性银行的职能在于弥补商业金融空隙和市场机制的缺陷。在高度集中的计划经济体制下，银行信贷完全服从于国家计划，无商业性金融，也就无所谓政策性金融。但在市场经济条件下，商业性金融与政策性金融作为矛盾的双方是共存的。政策性银行是集财政与金融于一身的新型金融机构，是财政目标和金融手段的结合体。

财政与信贷是通过资金的再分配实现社会资源配置的两大基本形式。但是，在市场经济条件下，纯粹的商业性金融和纯粹的财政投资制度，都有明显的局限。在以市场为基础配置资源的机制中，商业性金融无疑应当占据主导地位。但是，营利性的本质特征决定了商业性金融机构对那些社会效益明显而自身收益微薄的项目，特别是投资大、期限长、回收慢的基础设施建设，较少涉足。这样就会产生资源配置的盲点，形成“瓶颈”制约，妨碍经济的协调发展。另一方面，财政性投资虽能充分体现政府的政策意图，弥补市场之不足，但财政分配的无偿性也会导致资金浪费和降低市场效率的负面效果。政策性金融将政府政策目标与信用有机地融为一体，无疑是解决上述矛盾的理想形式。我国政策性银行的设立满足了这种现实需要，对于市场机制的健全与完善具有十分重要的意义。

从我国经济体制改革的具体实践来考察，专设政策性银行，实行政策性金融与商业性金融的分离，还有助于国有专业银行的商业化改革和维护货币币值的稳定。推进国有专业银行的商业化，一直是我国金融体制改革的中心议题，但过去由专业银行兼营政策性业务的做法，事实上是将宏观的经济目标强加于追求微观利益的经济实体，其结果一方面是政策性业务掩盖经营性的亏损；另一方面是政策性的亏损影响经营性的盈利，从而既妨碍专业银行利益机制的生成，也增加了监管和考核专业银行的难度，而政策性银行的设立，无疑为国有专业银行向商业银行的顺利转轨扫清了障碍。此外，由专业银行兼营政策性业务还有一个弊端，就是中央银行除了要对其政策性业务提供贴息外，还要补足它们因此出现的资金缺口，造成中央银行在调控货币供应时的被动局面。由于政策性银行不具有创造派生存款的功能，所以政策性金融与商业性金融的分离，割断了政策性金融业务与中央银行基础货币发行之间的联系，为中央银行执行货币政策争取了主动，进而也为货币的稳定创造了有利的条件。

2. **政策性银行的一般职能**

政策性银行的一般职能，是指其所具有的金融中介职能。政策性银行一方面以负债业务筹集资金；另一方面以资产业务运用资金，从而实现资金余缺的调剂，沟通资金供求。正因为具备金融中介职能，政策性银行才具有了金融机构的特性。但是，在一般职能上，政策性银行与商业银行也有不同的一面。商业银行创造派生存款，亦即具有信用创造功能，而政策性银行不吸收存款特别是支票活期存款，也不办理结算，所以不能创造派生存款，不参与信用的创造。

3. **政策性银行的特有职能**

在市场金融体系中，政策性银行的特有职能，具体表现为三个方面。

（1）补充性职能

政策性银行的补充性职能即对商业性金融按市场原则配置资金所形成的缺陷和不足，予以弥补。当然，政策性银行对投融资对象的选择，须遵循一定的原则，并非商业性金融在资金配置上的所有遗漏都要由政策性银行拾遗补缺。另外，即使对国民经济的发展至关重要的产业或项目，如果已经为市场所选择，能够通过商业性金融得到充分的资金供给，也就不应再被政策性银行选定为投融资对象。随着市场选择的不断变化，政策性银行的投融资对象，也应当适时地进行调整。

（2）倡导性职能

政策性银行的投融资决策，往往反映经济的远期目标和政府的扶持意向，在一定程度上能够增强商业性金融机构的信心，消除它们对风险的顾虑，带动它们参与对同一对象的投资或融资。在实际运作中，通常是政策性银行率先倡导性投资或融资，一旦商业性金融机构跟进，它们即抽回资金，转移投融资方向，并开始新一轮的循环。对于商业性金融机构符合政策意图的业务，政策性银行还以提供还款保证、利息补贴和再融资等方式，直接予以鼓励和支持。政策性银行直接的投资或融资往往十分有限，但由此产生的间接倡导效果，则十分巨大。

（3）经济调控职能

政策性银行所具有的经济调控职能，是其补充性职能和倡导性职能的必然结果，它们带有明显政策性色彩的业务活动，对于固定资产投资规模的控制、生产力布局的均衡以及产业产品结构的合理化，都能够起到积极的作用。

（四）政策性银行的资金来源与资金运用

政策性银行的资金包括资本金和营运资金两个部分。其资金来源渠道主要有：一是其资本金多由政府财政全额拨付，也有的由政府和商业性金融机构共同出资形成；二是向财政和中央银行借入资金；三是通过在国内外发行债券筹集资金；四是国际金融组织和外国政府贷款的转贷；五是必要时按商业条件向国内外金融机构借款。大多数政策性银行不得吸收存款，只有极少数国家允许政策性银行有条件地吸收特定存款。

政策性银行的资金运用，主要有贷款和投资两种形式。贷款是政策性银行的主要业务，包括普通贷款和优惠贷款；在贷款方式上，则有直接贷款、委托贷款和转贷三种。投资业务，包括直接的产业投资和间接的证券投资，一般来说，是政策性银行资金运用的次要方式。虽然其他政策性银行也可以从事投资，但主要是政策性开发银行在这方面有较多的涉及。政策性银行的资金运用，还包括对融资对象办理票据贴现业务；对商业性金融机构符合政策意图的业务予以利息补贴，对其提供再贷款和票据的转贴现。除上述业务外，政策性银行还可以基于政策需要，在不运用或者较少地运用资金的情况下，办理有关的还款担保业务、信息咨询业务、投资中介业务等。

二、我国的政策性银行

我国现在只有三家政策性银行，即国家开发银行、中国农业发展银行和中国进出口银行。

（一）国家开发银行

国家开发银行是按照《国际开发银行章程》设立的，总部设在北京，按照独立核算，自主、保本经营，责权利相统一的原则，开展政策性金融业务。经批准它可在国内外设置必要的办事机构，但其政策性贷款的拨付业务，优先委托中国建设银行办理，并对其委托的有关业务进行监管。行政上直属国务院领导。

国家开发银行的任务，是依照国家的法律、法规和方针、政策，筹集和引导社会资金用于国家重点建设，缓解经济发展中的“瓶颈”制约，优化投资结构，提高投资效益，促进国民经济持续、快速、健康发展。具体而言是发挥政策性金融中介和金融服务功能，通过贷款、投资、担保及其他配套的政策性金融业务，支持国家基础设施、基础产业和支柱产业的大中型基本建设和技术改造等政策性项目及其配套工程的建设；履行特定的金融调控职责，即对由其安排的国家重点建设项目，在资金总量和资金结构上实行宏观调控。

国家开发银行实行行长负责制。行长一人及副行长若干人，均由国务院任命。行长负责主持行长会议，研究决定国家开发银行的重大事项，包括审定本行的业务方针、计划和重要规章，审查行长的工作报告，审定筹资方案，确定政策性贷款计划，审查通过本行的年度财务决算报告等。国家开发银行，下设立由国家发展和改革委员会、财政部、中国人民银行、审计署、商务部等部门各一位负责人以及国务院指定的其他人员组成的监事会，其职责是负责监督国家开发银行执行国家方针政策的情况及其资金使用方向和资产经营状况；对国家开发银行行长的任免提出建议。监事会不干预国家开发银行的具体业务。在金融业务上，国家开发银行接受中国人民银行和国务院银行业监督管理机构的指导与监督。国家开发银行的基本财务报表即资产负债表和损益表，每年定期公布，并由中国的注册会计师和审计事务所出具审计报告。

国家开发银行的注册资本500亿元人民币由财政部核拨。其营运资金来源主要有国家财政拨款和国家开发银行在信用基础上筹集的资金。其中国家财政拨款包括国家核拨的预算内经营性建设基金、贴息资金、原“拨改贷”贷款本金的回收；国家开发银行的信用筹资渠道包括：向国内金融机构发行金融债券，向社会发行财政担保建设债券，外国政府和国际金融组织贷款的转贷，发行国际债券，借用国际商业贷款，中央银行的再贷款和再贴现等。

国家开发银行的资金运用，主要是向国家基础设施、基础产业和支柱产业的大中型基本建设和技术改造等政策性项目及其配套工程，发放政策性贷款。其贷款分为两大类：一是软贷款，即国家开发银行将注册资本金以长期优惠贷款的方式，贷给国家控股公司和中央企业集团，由它们对项目进行参股、控股；二是硬贷款，即国家开发银行将借入资金直接贷给项目，到期收回本息。此外，国家开发银行还办理建设项目贷款条件评审、咨询和担保等业务，并为重点建设项目物色国内外合资伙伴，提供投资机会和投资信息。

（二）中国农业发展银行

中国农业发展银行按照《中国农业发展银行章程》设立。在机构设置上实行总行、分行、支行制，并在内部实行垂直领导的管理体制；总行设在北京，为独立法人，实行独立核算，自主、保本经营，企业化管理。其分支机构的设置，须经中国人民银行批准。但是，必要时中国农业发展银行仍可委托其他金融机构代理有关业务。资本金 200 亿元人民币，其中一部分从中国农业银行、中国工商银行现有信贷基金中划转，其余部分由财政部划拨。在行政上直属国务院领导。其主要任务是按照国家的法律、法规和方针、政策，以国家信用为基础，筹集农业政策性信贷资金，承担国家规定的农业政策性金融业务，代理财政性支农资金的拨付，为农业和农村经济发展服务。

中国农业发展银行实行行长负责制，行长及副行长均由国务院任命。行长的主要职责是主持行长会议，研究决定本行的重大事项，包括其业务方针、计划和重要规章制度。负责行长的工作报告，国家重点农业政策性贷款项目，年度决算报告以及其他重大事项。中国农业发展银行经国务院批准下设监事会，其成员由中国人民银行、国家计划委员会、国家发展和改革委员会、农业部、商务部等有关部门选派人员组成。监事会的职责主要有：监督其执行国家方针政策的情况；检查其业务经营和财务状况查阅、审核它的财务会计报告和其他财务会计资料；监督、评价行长的工作，提起任免、奖惩建议。但监事会不干预中国农业发展银行的具体业务。

中国农业发展银行的具体业务主要有：办理由国务院确定、中国人民银行安排资金并由财政部予以贴息的粮食、棉花、油料、猪肉、食糖等主要农副产品的国家专项储备贷款；办理粮、棉、油、肉等农副产品的收购贷款及粮油调销、批发贷款。办理承担国家粮、油等产品政策性加工任务企业的贷款和棉麻系统棉花初加工企业的贷款；办理国务院确定的扶贫贴息贷款、老少边穷地区发展经济贷款、贫困县县办工业贷款、农业综合开发贷款以及其他财政贴息的农业方面的贷款；办理国家确定的小型农、林、牧、水利基本建设和技术改造贷款；办理中央和省级政府的财政支农资金的代理拨付，为各级政府设立的粮食风险基金开立专户并代理拨付；发行金融债券；办理业务范围内开户企事业单位的存款；办理开户企事业单位的结算；境外筹资；办理经国务院和中国人民银行批准的其他业务。中国人民银行和国务院银行业监督管理机构对其业务进行指导和监督。中国农业发展银行实行统一计划、指标管理、统筹统还、专款专用的资金计划管理办法，其基本财务报表即资产负债表和损益表，每年定期公布，并由中华人民共和国的注册会计师和审计事务所出具审计报告。

（三）中国进出口银行

中国进出口银行是按照《中国进出口银行章程》设立。总部设于北京，为独立法人，实行自主、保本经营，企业化管理。它不设营业性分支机构，信贷业务由中国银行或其他商业银行代理，但可在个别大城市设派出机构（办事处或代表处），负责调查统计、监督代理业务等事项。在行政上直属国务院领导，其资金来源主要是财政专项资金和对金融机构发行金融、债券等。注册资本金 33.8 亿元人民币，由财政部核拨。中国进出口银行的任务，主要是执行国家产业政策和外贸政策，为机电产品和成套设备等资本性货物的进出口提供政策性金融支持。

中国进出口银行设董事会，实行董事会领导下的行长负责制。行长为法定代表人。董事会由董事长一人、副董事长两人、董事若干人组成，正副董事长由国务院任命，董事由有关部门提名，报国务院批准。董事会作为中国进出口银行的最高决策机构，对国务院负责，其主要职责是：根据国家产业政策和外贸政策，审定本行的中长期发展规划、经营方针和年度计划；听取和审定行长的工作报告，监督本行的财务会计和国有资产的保值增值工作；审查通过本行的财务预算、决算方案以及税后利润分配方案；讨论决定提供出口信贷的国别政策及担保、信贷风险等重大决策；审定银行内部机构的设立、撤销和职能的变动；审定重要财务管理等规章制度；审定重要的人事管理规章制度及其他重大事项。行长全面主持经营管理工作，副行长按照分工协助行长工作。行长的主要职责是：负责本行全面经营管理工作；组织实施董事会决议；定期向董事会报告工作；组织制定本行的发展规划、经营方针和年度经营计划；组织制定本行的财务预算、决算方案及税后利润分配方案；组织拟定本行的人事管理、财务管理等规章制度；组织拟定本行的机构设立、撤销和职能方案；董事会授予的其他职责。中国进出口银行在业务上接受中国人民银行和国务院银行业监督管理机构的指导与监督。

中国进出口银行经营和办理下列业务：为机电产品和成套设备等资本性货物的进出口

提供卖方信贷、买方信贷；办理与机电产品进出口信贷有关的外国政府贷款、混合贷款、出口信贷的转贷，以及中国政府对外国政府贷款、混合贷款的转贷；办理国际银行间贷款，组织或参加国际、国内银团贷款；提供出口信用保险、出口信贷担保、进出口保险和保付代理业务；在境内发行金融债券和在境外发行有价证券；经营批准的外汇业务；参加国际进出口银行组织及政策性金融保险组织；为进出口业务进行咨询和项目评审，为对外经济技术合作和贸易提供服务；办理经批准的其他业务。

第四节　银行法律实务研究

——以银行存款账户为例

一、存款账户的概念

（一）存款账户与存折、存单、银行卡不同

存款账户既不同于存折、存单等存款凭证，也不同于银行卡等存款工具。首先，从外观形态上看，存款账户并不具备有形载体，而无论是存折、存单等存款凭证，还是银行卡等存款工具，都以有体物的形式存在。其次，存款账户具有基础性的意义，存折、存单和银行卡都以存款账户的设立为前提，每一个存折、存单或银行卡都对应一个存款账户。

（二）存款账户是电子簿籍

账户这一概念多见于会计学，即按照规定的会计科目在账簿中对各项经济业务进行的分类、系统、连续记录的一种手段。所谓银行账户，是指银行为单位或个人以其姓名或名称设置的记录和反映将来资金收付及其结果的电子簿籍。银行存款账户仍然具备会计学上账户的基本结构：账户名称，在银行存款账户中表现为以银行客户名称设置的户头；增加方和减少方，在银行存款账户中可能表现为借方的增加方和减少方，也可能表现为贷方的增加方或减少方；余额，在银行存款账户中表现为银行存款账户的借方余额或贷方余额；除此之外，还有时间、摘要和凭证号。银行存款账户中的贷方和借方代表的是银行存款账户开立以来，每一次银行与客户之间所发生的具体的债权债务关系，贷方通常代表银行对客户的债务，借方通常代表客户对银行的债务，账户余额代表的是所有满足条件的债权债务经过类似抵销之后最终债的状态。另外，银行存款账户的摘要往往描述了账户余额每一

次增加或减少的原因或目的，实际上是对账户资金变动之基础原因关系的记载。我国对于银行与单位或个人之间的借贷关系控制严格，事实上我国银行存款账户余额基本上表现为贷方余额，银行贷款账户也不例外。即使客户向银行取得的贷款，也并非由银行直接借记到客户的银行存款账户中，而是通过转账的方式表现在银行存款账户贷方的增加方。这一点与一般商事主体之间的商事往来账簿形成对比。

（三）存款账户本质是权利

存款账户不具有外在有体性，因此它并非民法上的物，也不存在“存款账户的所有权”一说。在银行业务实践中，单位或个人如果欲与银行建立长期金钱之债关系，必须开立相应类型的银行存款账户。存款账户产生于银行与存款人的合同约定，由银行以存款人的名义开立，记录双方将来发生的每一笔金钱之债，并且银行负有按照存款人指示进行账户资金操作的义务。基于存款账户合同，存款人享有请求银行及时将资金变化记载于存款账户的权利。除此之外，存款人通过控制存款账户在客观上对账户资金债权取得了一定的支配权利。存款账户在本质上是一系列存款人享有的民事权利之集合，既包括仅在银行与存款人双方之间生效的相对权利，也包括超越合同之外的支配账户资金债权的绝对权利。

二、存款账户执行纠纷及其解决

（一）账户执行纠纷类型

1. 错误汇款纠纷

事实行为包括错误汇款、受他人欺诈汇款等。案外人由于各种意外或者过失将自己的现金存入被执行人银行存款账户，或者将自己银行存款账户资金转入被执行人银行存款账户。在陈琼诉何柏芳案外人执行异议之诉一案中①，原告陈琼因手机银行操作失误将5万元款项错误汇至王以祥的银行存款账户，后徐州市泉山区人民法院做出判决，判令王以祥返还陈琼不当得利款5万元。判决生效后，陈琼申请人民法院强制执行，但执行未着。但湖州市吴兴区人民法院依湖州织里新丰联砂洗厂诉王以祥加工合同纠纷一案原告湖州织里新丰联砂洗厂的诉讼保全申请，冻结了被告王以祥的该银行存款账户。陈琼向人民法院申请执行异议被驳回，于是以自己对被执行人王以祥银行存款账户中的5万元款项仍享有所有权为由提起执行异议之诉。湖州织里新丰联砂洗厂为个体工商户，经营者系何柏芳，该

① 浙江省湖州市中级人民法院（2019）浙05民终字第667号民事判决书.

经营户已注销，债权债务由何柏芳承受。一审法院、二审法院均根据我国《物权法》第二十三条，“动产物权的设立和转让，自交付时发生效力，但法律另有规定的除外”，判决陈琼对于错误汇入被执行人王以祥银行存款账户的5万元款项不享有所有权，就该执行标的不享有足以排出强制执行的民事权利。二审法院的理由如下：“货币作为一种特殊动产，其本身存在无法辨别的困难，同时又是一种价值符号，流通性系其生命。被执行人银行存款账户是行使货币流通手段的一种方式，在银行存款账户发挥其流通功能的情形下，账户内货币的占有与所有高度一致，只要货币合法转入即属于法律规定的合法交付行为，所有权自交付时发生转移。在本案中，案外人陈琼将自己的5万元款项错误汇入被执行人王以祥的银行存款账户，被执行人王以祥即取得该款项的所有权，案外人陈琼则丧失了对该款项的所有权，享有的只是对王以祥请求返还不当得利的债权，该债权请求权在法律上不具有优先性，因该账户已被执行法院冻结，案外人陈琼就该执行标的不享有足以排除强制执行的民事权益。”司法实践中这类案件的判决理由和结果基本一致①，总体上可以归结为：被执行人银行存款账户中的5万元仍然是货币，属于物权法上的特殊动产，案外人因为将其转入被执行人银行存款账户这一交付行为而丧失所有权，由被执行人依据“占有即所有”原则享有所有权，从而判决案外人不享有足以排出强制执行的民事权益。

但也个别存在相反的判决结果，在宁波杰鑫进出口有限公司等诉化学品海运私人公司（ChemshipB）等案外人执行异议之诉一案中②，法院认为，“在已查明涉案款项非工艺品公司合法取得财产基础上，依据诚实信用原则，工艺品公司以及工艺品公司的所有债权人不应期待以工艺品公司不当取得财产和背负债务的方式获得可供执行的财产。三被告认为杰鑫公司应当以不当得利之诉向工艺品公司要求返还涉案款项，实则使杰鑫公司与其他债权人就涉案款项处于同等受偿顺位，客观上有利于三被告从工艺品公司不当所得款项中获益，如本院予以支持，则与诚实信用及公平原则相悖。”本案法院虽然认识到若判决继续执行涉案银行存款账户资金并不符合诚实信用原则及公平原则，但是理由并不充分，没有把握住问题的关键。

首先，根据银行存款账户合同，银行存款账户中记载的账户资金在权利性质上属于债权而非物权。因此无论是案外人还是被执行人，对于争议银行存款账户资金享有的权利并不是所有权。其次，一般债权具有相对性和平等性，基于不当得利取得的债权属于一般债权，并不具有优先于其他普通债权人之债权的效力，应当与其他一般债权人平等受清偿。

---

① 例如，安阳市谦和染料化工有限责任公司诉中国农业银行股份有限公司安阳市区支行等执行人执行异议之诉，河南省安阳市中级人民法院（2018）05民终第635号民事判决书；湖南益丰医药有限公司与长沙农村商业银行股份有限公司步行街支行案外人执行异议之诉，湖南省长沙市望城区人民法院（2017）0112民初第3415号民事判决书；王相涛诉东营凯弘化工技术有限公司案外人执行异议之诉，山东省东营市中级人民法院（2019）05民终第531号民事判决书.

② 中华人民共和国宁波海事法院（2015）甬海法执异初字第8号民事判决书.

一般债权具有平等性的原因在于债权本身不具有客观实体，在权利外观上难以识别，因此基于公平原则和诚实信用原则，一般债权处于平等地位，不具有优先性。但是银行存款账户资金债权并非普通债权，账户资金债权由于银行存款账户的记载而具有了识别性和支配性。一方面，账户资金债权具有权利外观，具有推定效力。银行存款账户以被执行人的名称开立，则应当推定被执行人是银行存款账户资金债权人。另一方面，如果有相反证据推翻银行存款账户权利外观的推定，如表明被执行人银行存款账户资金属于错误汇入，则银行存款账户资金不属于被执行人财产，自然不能强制执行。案件的关键并不在于谁应当对被执行人银行存款账户资金享有所有权，而在于被执行人银行存款账户资金是否属于被执行人的财产。错误进入被执行人银行存款账户的资金，如果有证据证明不属于被执行人的债权，则应当判决不予执行。

2. 借用账户纠纷

尽管根据《企业银行结算账户管理办法》《人民币银行结算账户管理办法》《个人存款账户实名制》等法规规定和银行存款账户合同的约定，银行存款账户必须采取实名制，申请开立账户的单位或个人必须使用自己真实的姓名或名称，不得公款私存，不得开立匿名账户、假名账户，不得出租、出借、出售、购买账户。但是司法实践中当事人出于迅速交易、方便管理等各种考虑，账户借用的现象时有发生。首先不能因为账户借用合同因违反法律、行政法规的强制性规定无效而认为账户借用行为不产生任何法律效果。账户借用合同虽然无效，但是因账户借用行为发生的权利变动法律后果不必然无效。账户借用主要分为三种情形，第一种情形是仅借用账户名义人的名称，而不借用账户名义人设置的银行存款账户的账户凭证和密码。如张奎权诉王化东、张元君案外人执行异议之诉一案①；第二种情形是不仅借用账户名义人的名称，而且借用账户名义人设置的账户凭证和密码。如山东君尚医药科技有限公司、辽宁华鑫医药有限公司等案外人执行异议之诉一案②；第三种情形是直接以账户名义人之代理人的身份开立银行存款账户，并且独自设置和掌握银行存款账户的账户凭证和密码。如卢军民诉淡雪绒案外人执行异议之诉一案③。因借用账户导致账户资金权属纠纷的这类案件，大多数法院的判决理由和结果与因不当得利导致账户资金权属纠纷案件相同，即认为银行存款账户资金属于货币，属于特殊动产，适用“占有即所有”原则，一旦进入被执行人银行存款账户即完成交付，所有权移转于被执行人，案外人对于借用银行存款账户中的资金不享有任何足以排除强制执行的民事权益。但也有法院判决借用账户中的资金归案外人所有。在卢军民诉淡雪绒案外人执行异议之诉一案中，

---

① 吉林省辽源市中级人民法院（2019）吉04民终第49号民事判决书.

② 山东省莱芜市莱城区人民法院（2015）莱城民初字第2861号民事判决书.

③ 陕西省商洛市中级人民法院（2019）陕10民终第273号民事判决书.

法院认为，“强制执行应当以被执行人的责任财产为限，对进入被执行人账户的款项，如被执行人对该款项不享有实体民事权利，申请执行人不得申请对该笔款项进行强制执行。……也就是说，这 20 万元存款的资金不是邓锋提供的。案涉的 20 万元是被上诉人淡某某夫妇一生的积蓄，也是他们晚年的生活保障，根据其子女、家庭、身体状况以及存折、密码均由被上诉人淡某某持有的事实来看，其将这 20 万元存入邓锋名下的真正目的是让邓锋为其代管这笔存款，符合常理，且上诉人卢军民也没有提供证据证实邓锋与被上诉人淡某某之间存在债权债务关系或者是赠与关系，因此，以邓锋名义存入的 20 万元存款应属被上诉人淡某某所有，邓锋对这 20 万元存款不享有实体民事权利。”

同样在此类案件中，根据银行存款账户合同，银行存款账户中记载的账户资金在权利性质上属于债权而非物权。因此银行存款账户资金不应当适用货币特殊动产的物权变动规则，也不能适用“占有即所有”原则。根据银行与客户的账户管理协议，账户权利人对以其名义开立银行存款账户的管理控制就是通过预先设置银行存款账户密码和账户凭证而具体实现的。因此可以说真正享有银行存款账户权利的人应当是指具体掌握银行存款账户凭证和密码的人，无论是账户名义人还是账户借用人，判断银行存款账户权利人的标准就在于账户凭证和账户密码由谁掌握。从权利外观的角度而言，账户名义人是账户资金债权规范意义上的准占有人，而从权利行使的角度而言，账户权利人则是账户资金债权事实意义上的准占有人。当规范意义上的准占有状态与事实上的准占有状态发生不一致的情形时，应当以谁为账户资金的实际债权人呢？首先，一般情况下，根据诚实信用原则，应当按照权利外观下的规范意义上的准占有状态为准。即应当认为账户名义人为账户资金债权人。其次，如果有证据证明确有事实上的准占有人实际控制争议银行存款账户的，则应当认为账户权利人为银行存款账户资金的准占有人。

3. 银行贷款纠纷

此类纠纷专指执行异议人为银行的情形。在张掖市临泽县生源小额贷款有限责任公司与甘肃银行股份有限公司临泽支行等申请执行人执行异议之诉一案①中，被告甘肃银行临泽支行按照第三人顾雪瑛的委托，向被告百信房地产公司的账户支付贷款时，将贷款资金 110 万元发放到第三人顾雪瑛账号为×××账户上之后，发现该银行卡账户被一审法院冻结，致使贷款资金无法支付给被告百信房地产公司。被告甘肃银行临泽支行、百信房地产公司向一审法院提出执行异议，请求被告甘肃银行临泽支行打入第三人顾雪瑛银行存款账户中的 110 万元予以解除冻结，并确认该笔款项属被告百信房地产公司所有。后法院裁定中止执行。原告生源小贷公司对该裁定不服，遂提起诉讼。一审法院、二审法院判决理由和结

① 甘肃省张掖市中级人民法院（2019）甘 07 民终第 555 号民事判决书.

果一致，认为，“上诉人生源小贷公司主张涉案的110万元自转入顾雪瑛×××的账户，顾雪瑛就成为该笔资金的所有人，甘肃银行临泽支行已按合同约定履行了放款义务，资金未转入百信房地产公司账户，甘肃银行临泽支行与百信房地产公司均不是该笔款项的所有人，也非本案适格的案外人。……货币为种类物，虽然权利人对货币的占有可以认定为所有，但在特定条件下，不能简单根据占有即认定为所有。对于一般账户中的货币，应以账户名称为权属判断的基本标准。对于特定专用账户中的货币，应根据账户当事人对该货币的特殊约定以及相关法律规定来判断资金权属，并确定能否对该账户资金强制执行。……涉案的×××账户经甘肃银行临泽支行与顾雪瑛、李好转约定为贷款账户，是甘肃银行临泽支行记载其向顾雪瑛、李好转发放贷款及收回贷款情况的账户，案涉该账户内贷款资金110万元应由甘肃银行临泽支行按约或授权支付给百信房地产公司。该账户内的款项因已被特定化，故其不仅丧失了货币的流通和消费功能，顾雪瑛、李好转亦丧失对该账户内资金实际控制和自由使用的权利。……生源小贷公司申请对上述贷款账户内的110万元按揭贷款申请执行，缺乏事实和法律依据，其上诉理由本院不予支持。”与之前两种类型的案件不同，法院均判决支持了执行异议人的主张，在有证据证明被执行人银行存款账户资金来源于银行发放的贷款时，认为被执行人银行存款账户资金是银行对被执行人享有的债权，从而肯定了银行对该账户资金享有足已排除强制执行的权利。

首先，根据银行存款账户合同，以被执行人名义开立的银行存款账户资金在权利外观上，表现为银行存款账户的贷方余额而非借方余额，应当属于被执行人对银行享有的债权。被执行人对以自己名义开立的银行存款账户中的资金形成准占有状态，基于银行信用，银行将贷款记入被执行人银行存款账户时，即视为银行履行了出借义务。因此，被执行人才是银行存款账户资金的权利人。其次，银行存款账户的担保功能为银行发放贷款的债权提供了保障，银行有权划转与贷款相应的账户资金以偿还被执行人的到期债务。也就是说，银行向被执行人银行存款账户贷记所发放的贷款金额后，对被执行人银行存款账户相应额度的资金，银行享有优先于被执行人一般债权人的权利。因此应当肯定银行对被执行人账户资金与所发放贷款相应额度，享有足已排除强制执行的民事权益。

（二）账户执行纠纷解决思路

在处理存款账户执行异议纠纷的过程中，首先应当区分账户本身、存入款项、账户资金与银行存款，明确各自的边界和范围。账户本身就是银行为存款人开立的记载将来资金收付及其结果的电子簿籍。账户本身不属于有体物，不能成为所有权的客体。存入款项是以有体形式存在的存款人将交付给银行的现金，一经现实交付其所有权即移转于银行，由银行取得存入款项的所有权。账户资金是指银行账户记载数额相应的货币价值，本质上是存款人对银行享有的金钱债权。银行存款是一个宽泛的概念，既可能指由银行取得所有权的存入的现金，也可能指银行存款账户资金，应当结合具体情境确定概念所指。其次，应当认识到存款账户里的资金在性质上并不属于货币，不能适用特殊动产有关规则和“占有即所有”原则。存款账户资金在本质上是一种债权，并且具有支配性和担保的特点。而这些特点都是源于银行存款账户的特殊性。最后，应当承认银行存款账户具有一定的权利外观，银行存款账户的推定效力，如果有相反证据证明则可推翻该推定。厘清银行存款账户法律性质，有助于解决司法实践中账户执行异议纠纷问题，更好地消除社会公众与法律规范对账户资金（存款）在认识和处理上的偏差。

第三章

证券法律制度与实务研究

第一节　证券和证券法分析

一、证券的概念和种类

（一）证券的概念

证券即资本证券，是指资金需求者通过直接融资方式从资金供应者处直接获得货币后，向资金供应者签发的证明其享有一定权利的书面凭证。

证券具有三个方面的法律特征。

第一，证券是一种有效投资凭证，它是投资者的出资证明，也是其获得收益的凭证。证券实质上是一种权利载体，它是投资者通过投入资金、技术或者其他具有投资价值的物品而确定收益权利的有形的载体。

第二，证券是一种获得收益权的凭证。证券体现了某种权利和义务关系，比如，股票是股东的入股凭证，是股权关系的体现，债券是债务关系的凭证。证券是一种有待证实的资本，它能为人们带来收益，但这种收益在未兑换之前持有人并不能获得实质上的利益，当然证券也可能会对人们的利益造成一定的损害，比如，投资失利、证券贬值等情况。

第三，证券是一种能够交易和转让的权利凭证，只要持有人同意，任何人都可以以一定的条件与持有人交换，正是这种流通性使得持有人享有的证券权利可以随时兑现。

（二）证券的种类

证券的种类如表 3-1 所示。

表 3-1　证券的种类

股票	按投资主体可分为国家股、法人股、内部职工股和社会公众股
	按股东权益和风险大小可分为普通股、优先股及普通优先混合股
	按认购股票投资者身份和上市地点不同分为境内上市内资股（A 股）、境内上市外资股（B 股）和境外上市外资股（H 股、N 股、S 股）
债券	按发行主体不同可分为政府债券和公司债券
	按时间长短可分为短期债券、中期债券和长期债券
	按信用可分为抵押债券、担保债券和信用债券
证券投资基金	按设利方式可分为契约型基金和公司型基金
	按能否赎回可分为开放式基金和封闭式基金
其他证券	股票指数、股票权证、股指期货

二、证券市场

（一）证券发行市场

发行市场主要由证券发行人、认购人和中介人组成。其中证券发行人包括政府、金融机构、公司和公共机构（如基金等）；认购人即投资者，包括机构和个人两类；中介人指证券公司以及为证券发行服务的投资咨询机构、财务顾问机构、资信评级机构、资产评估机构、会计师事务所等。

（二）证券流通市场

证券交易所特指国家专营的上海证券交易所和深圳证券交易所，场外证券交易一般指不记名公司证券的分散和不固定的交易活动。

三、证券法的概念、适用范围及基本原则

（一）证券法的概念及适用范围

证券法是多种社会关系的调节的法律依据，比如，发行人、投资人与券商之间的关系需要证券法进行调整与约束，三者是平等的发行证券的关系，任何试图打破这一平衡，为自己谋取更多利益的行为都是违法的，会受到法律的制裁。

证券法有广义和狭义之分，广义上说，证券法就是一切与证券发行、交易、监督、管理等过程相关的法律总和；狭义的证券法范围则要小很多，它就是指我国现行的《中华人民共和国证券法》（以下简称《证券法》）。

《证券法》的适用范围在其条文中有明确的规定："在中华人民共和国境内，股票、公司债券和国务院依法认定的其他证券的发行和交易；政府债券、证券投资基金份额的上市交易。"《证券法》没有做出规定的，应该适用公司法、地方性行政法规，以及其他对相关范围做出规定的相关法律进行圈定。证券衍生品的发行、交易、监督和管理与证券一样，都受《证券法》规定的约束。

（二）证券法的基本原则

按照《证券法》的规定，我国证券法立法和执行的基本原则主要包括以下几个。

1. 保护投资者合法权益的原则

我国《证券法》第一条"立法宗旨"明确将证券受益人也就是投资者的权益放在首要位置，并将这一原则贯彻到整部法律之中，对侵害投资人权利权益的行为进行了详细的说明。

2. 公开、公平、公正原则

公开原则是证券发行和交易的核心制度，证券发行人必须在这一原则下活动，将自己依法发行证券的所有真实状况向投资者说明、公开，保证投资者在知晓所有真相的情况下进行投资决策。公开是公平和公正的基础，只有公开所有真实信息，才能公平公正地进行投资交易，获得法律的保护。公平原则是指证券的发行机构要以自己专业的态度和服务为投资者服务，不能根据投资额的大小将投资者分成三六九等，每一个投资者都是平等的。公正是指证券管理和监督机构应该依法行使自己的职责，公平对待每一个主体。

3. 平等、自愿、有偿、诚实信用的原则

证券交易活动中的相关当事人，平等具有参与证券交易的活动的权利，任何人、任何机构不能在未经法律允许的情况下干预和破坏当事人的交易活动，证券交易的参与方要本着平等、自愿、有偿、诚信的原则参与证券交易活动。

4. 合法原则

《证券法》第五条规定，"证券的发行、交易活动，必须遵守法律、行政法规"，从中可以看出任何试图欺诈、内幕交易和操纵证券市场的行为都是证券法所禁止的，要承担相应的法律后果。

5. **国家集中统一监管与行业自律相结合的原则**

《证券法》规定："国务院证券监督管理机构依法对全国证券市场实行集中统一监督管理。"国务院的证券监督管理机构作为我国证券发行、交易、管理和监督的最高权力机关，应按照《证券法》的相关规定对我国的证券市场进行管理，并按照相关法律的规定设立一系列的派出机构和执行机构。依法设立证券业协会是证券行业协会，其规定是保证证券市场正常运转的重要保证，证券机构应该严格自律在行业协会的规定范围内进行相关活动。

第二节　证券发行制度分析

一、证券发行的条件

（一）股票发行的条件

股票发行分为首次发行和再次发行，再次发行又称为"发行新股"，包括增发新股与配股发行。

关于首次发行应当具备的条件，《证券法》第十二条第一款规定，设立股份有限公司公开发行股票，应当符合《公司法》规定的条件和经国务院批准的国务院证券监督管理机构规定的其他条件。

关于再次发行，《证券法》第十三条第一款规定，公司公开发行新股，应当符合下列条件。

①具备健全且运行良好的组织机构。

②具有持续盈利能力，财务状况良好。

③最近 3 年财务会计文件无虚假记载，无其他重大违法行为。

④经国务院批准的国务院证券监督管理机构规定的其他条件。

上市公司发行新股，可以向社会公开募集，也可以向原股东配售。上市公司非公开发行新股，应当符合经国务院批准的国务院证券监督管理机构规定的条件，并报国务院证券监督管理机构核准。

《证券法》第十五条规定，公司对公开发行股票所募集资金，必须按照招股说明书所列资金用途使用。改变招股说明书所列资金用途，必须经股东大会做出决议。擅自改变用途而未做纠正的，或者未经股东大会认可的，不得公开发行新股。

（二）债券发行的条件

《证券法》第十六条规定，公开发行公司债券，应当符合下列条件。

①股份有限公司的净资产不低于人民币 3000 万元，有限责任公司的净资产不低于人民币 6000 万元。

②累计债券余额不超过公司净资产的 40%。

③最近 3 年平均可分配利润足以支付公司债券 1 年的利息。

④筹集的资金投向符合国家产业政策。

⑤债券的利率不超过国务院限定的利率水平。

⑥国务院规定的其他条件。

公开发行公司债券筹集的资金，必须用于核准的用途，不得用于弥补亏损和非生产性支出。

上市公司发行可转换为股票的公司债券，除应当符合前述规定的条件外，还应当符合《证券法》关于公开发行股票的条件，并报国务院证券监督管理机构核准。

《证券法》第十八条规定，有下列情形之一的，不得再次公开发行公司债券。

①前一次公开发行的公司债券尚未募足。

②对已公开发行的公司债券或者其他债务有违约或者延迟支付本息的事实，仍处于继续状态。

③违反《证券法》规定，改变公开发行公司债券所募资金的用途。

二、证券发行保荐与证券承销

（一）证券发行保荐

为了保障发行人的质量，提高发行透明度，防范发行人采取虚假手段骗取发行上市，《证券法》建立了证券发行的保荐制度。

《证券法》第十一条第一款、第二款规定，发行人申请公开发行股票、可转换为股票的公司债券，依法采取承销方式的，或者公开发行法律、行政法规规定实行保荐制度的其他证券的，应当聘请具有保荐资格的机构担任保荐人。保荐人应当遵守业务规则和行业规范，诚实守信，勤勉尽责，对发行人的申请文件和信息披露资料进行审慎核查，督导发行人规范运作。

（二）证券承销方式

证券发行人发行证券，一般并不亲自进行市场销售活动，而是由专业的证券承销机构承销。《证券法》规定，发行人向不特定对象发行的证券，法律、行政法规规定应当由证券公司承销的，发行人应当同证券公司签订承销协议。

证券承销根据责任与风险的不同，分为两种方式。

①证券代销，是指证券公司代发行人发售证券，在承销期结束时，将未售出的证券全部退还给发行人的承销方式。

②证券包销，是指证券公司将发行人的证券按照协议全部购入或者在承销期结束时将售后剩余证券全部自行购入的承销方式。

（三）证券承销协议

证券公司承销证券，应当同发行人签订代销或者包销协议，载明下列事项：当事人的名称、住所及法定代表人姓名；代销、包销证券的种类、数量、金额及发行价格；代销、包销的期限及起止日期；代销、包销的付款方式及日期；代销、包销的费用和结算办法；违约责任；国务院证券监督管理机构规定的其他事项。

（四）证券承销规则

证券公司承销证券，应当对公开发行募集文件的真实性、准确性、完整性进行核查；发现有虚假记载、误导性陈述或者重大遗漏的，不得进行销售活动；已经销售的，必须立即停止销售活动，并采取纠正措施。

向不特定对象发行的证券票面总值超过人民币 5000 万元的，应当由承销团承销。承销团应当由主承销和参与承销的证券公司组成。主承销商的责任，一是与发行人签订证券承销协议；二是组建承销团，与分销商签订分销协议，明确各方的权利义务。承销团成员按照法律规定和协议约定，共同完成证券承销任务。

证券的代销、包销期限最长不得超过 90 日。证券公司在代销、包销期内，对所代销、包销的证券应当保证先行出售给认购人，证券公司不得为本公司预留所代销的证券和预先购入并留存所包销的证券。

股票发行采用代销方式，代销期限届满，向投资者出售的股票数量未达到拟公开发行股票数量 70%的，为发行失败。发行人应当按照发行价并加算银行同期存款利息返还股票认购人。

公开发行股票，代销、包销期限届满，发行人应当在规定的期限内将股票发行情况报国务院证券监督管理机构备案。

第三节　证券交易及上市制度

一、证券交易

（一）证券交易的概念和种类

证券交易是指证券持有人依照交易规则，将证券转让给其他投资者的行为。证券交易通常分为证券现货交易、证券期货交易和证券信用交易等几种类型。

①证券现货交易，是指证券交易双方在成交后即时清算交割证券和价款的交易方式。

②证券期货交易，是以现在确定的价格和数量在某一个确定的未来日期进行清算交割的交易方式。

③证券信用交易，又称为保证金交易或垫头交易，是指客户向证券公司借款购买证券或借进证券出售的交易行为。证券信用交易又具体分为证券融资交易和证券融券交易。

（二）证券交易的场所

按证券交易场所的组织形式不同，可以将证券交易场所分为场内交易市场和场外交易市场。

场内交易市场即在证券交易所内进行证券交易的场所。如我国上海证券交易所和深圳证券交易所。作为场内交易的证券交易所，一般是拥有有型设施（主要是证券交易大厅及其相关设施）的专门交易特定证券的大型交易市场。场内交易市场主要交易的证券是普通股股票。

场外交易市场又称柜台交易市场。柜台市场在传统上是很松散的、无组织结构的市场。在柜台市场中，通常只有一个电子报价系统和一个通信交易网，而不存在证券交易大厅这样的有形设施。几乎任何一个有法人地位的公司都可以自由地从事相关证券的交易活动。我国目前的柜台交易市场主要有两个：一个是 STAQ 系统，即全国证券交易自动报价系统；另一个是 NET 系统，即全国电子交易系统。场外交易市场主要交易的证券是法人股股票。

（三）证券交易的程序

我国《证券法》第三十二条的规定，在证券市场上挂牌交易的证券，应当采用公开的集中竞价交易方式。

竞价交易是指多个买主与卖主之间，出价最低的卖主与出价最高的买主价格一致时则达成交易。集中竞价是指买卖证券的双方都集中在证券交易所公开报价进行竞价交易，当竞价买卖双方出价达成一致时就做成一次证券买卖。集中竞价交易的方式决定了这种交易的程序具有公开性、连续性、成交价格合理等特点，因此成了证券交易的核心模式，是证券交易的主要方式。集中竞价交易的程序如下：开户—委托和委托指令—成交—清算交割—过户。

二、证券上市

证券上市是指发行人已经发行的证券经批准后在证券交易所正式挂牌交易。在证券交易所内交易的证券称为上市证券，相应的发行人称为上市公司。

（一）股票的上市

我国《公司法》对股票上市的条件做了明确规定，即股票已公开发行；公司股本总额不少于人民币 5000 万元；开业时间在 3 年以上，最近 3 年连续盈利：持有股票面值达人民币 1000 元以上的股东人数不少于 1000 人，向社会公开发行的股份达公司股份总数的 25%以上（公司股本总额超过人民币 4 亿元的，其向社会公开发行股份的比例为 15%以上）；公司在最近 3 年内无重大违法行为，财务会计报告无虚假记载以及国务院规定的其他条件。

发行人向中国证监会提出股票上市交易申请时，应当提交下列文件：上市报告书；申请上市的股东大会决议；公司章程；公司营业执照；公司最近 3 年的或公司成立以来的财务会计报告；法律意见书、上市推荐书和最近一次的招股说明书。

股票上市交易申请被批准后，发行人应当向证券交易所提交批准文件和上述申请文件。证券交易所应当在接到发行人申请上市文件之日起 6 个月内，安排该股票上市交易。上市公司应当在股票上市交易的 5 日前公告批准该股票上市的有关文件。此外，上市公司还应当公告下列事项：股票获准在证券交易所交易的日期；公司前十大股东的名单和持股数额；董事、监事、经理及有关高级管理人员的姓名及其持有本公司股票和债券的情况。

（二）债券的上市

公司债券上市交易应符合下列条件：公司债券的期限为 1 年以上；公司债券实际发行额不少于人民币 5000 万元；公司申请其债券上市时仍符合法定的公司债券发行的条件。

公司向中国证监会提出公司债券上市申请时，应当提交下列文件：上市报告书；申请上市的董事会决议；公司章程；公司营业执照；公司债券募集办法；公司债券的实际发行数额。

公司债券上市交易申请被批准后，发行人应当向证券交易所提交批准文件和规定的有关文件。证券交易所应当自接到债券发行人提交的上述规定文件之日起 3 个月内，安排该债券上市交易。发行人应当在公司债券上市交易的 5 日前公告债券上市报告书、批准文件及有关文件。

三、信息公开制度

信息公开制度，相对比较简单，换句话说，信息公开制度其实就是证券发行人、上市公司及其他主体，采用合理的、依照法律所规定的方式，公开证券的相关发行、交易及与之有关的重大信息的一种法律制度，其中，公开的详细内容主要有证券发行信息的披露和持续信息公开。发行人、上市公司依法披露的信息，必须具有真实性、准确性、完整性，不得出现虚假记载、误导性陈述或者重大遗漏。

（一）发行信息披露

证券公司在进行发行时，对发行人、拟发行的证券以及与发行证券有关的信息进行披露，如招股说明书、募集说明书、上市公告书等。

（二）持续信息公开

①定期报告。上市公司和公司债券上市交易的公司，应当在每一会计年度的上半年结束之日起 2 个月内，向国务院证券监督管理机构和证券交易所报送记载相关内容的中期报告。

上市公司和公司债券上市交易的公司，应当在每一会计年度结束之日起 4 个月内，向国务院证券监督管理机构和证券交易所报送记载相关内容的年度报告。

②临时报告。当有可能对上市公司股票交易价格产生较大影响的重大事件发生时，投资者在不知情的情况下，上市公司应当有所行动，立即将有关该重大事件的情况向国务院证券监督管理机构和证券交易所报送临时报告。

四、禁止交易行为

（一）内幕交易

内幕交易，具体是指有关证券交易内幕信息的知情人员利用内幕信息进行证券交易的行为。证券交易内幕消息的知情人和非法获得内幕信息的人，在内幕信息公开前，不得对该公司的证券进行相关买卖，或者泄露有关信息，甚至是建议他人买卖该证券。

（二）操纵市场

所谓的操纵市场，具体是指单位或个人在针对利益进行一定渠道的获取或者是以使损失减少到最低程度为目的时，利用手中的相关优势，如，掌握的资金、信息等或者对职权进行滥用来对证券市场的价格造成一定的影响，制造证券市场假象，致使投资者在不了解事实的情况下进行交易。

（三）虚假信息误导

所谓的虚假信息误导，具体是指任何单位或个人对证券发行、交易及其相关活动的事实、性质、前景、法律等事项严重误导或者含有重大遗漏的和其他任何形式的虚假陈述或者诱导，致使投资者在不了解事实真相的情况下做出证券投资决定的行为。

在证券交易中，禁止国家工作人员、传播媒介从业人员和有关人员随意编造、传播虚假信息，对证券市场造成扰乱。禁止证券交易所、证券公司、证券登记结算机构、证券服务机构及其从业人员和证券业协会、证券监督管理机构及其工作人员，在证券交易活动中对信息做出虚假的陈述以及信息误导。

（四）欺诈客户

在证券交易中，禁止证券公司及其从业人员对客户的利益进行下列损害以及欺诈行为。

①违背客户的委托为其买卖证券；

②不在规定时间内向客户提供交易的书面确认文件；

③挪用客户所委托买卖的证券或者客户账户上的资金；

④未经客户委托，擅自为客户买卖证券，或者假借客户的名义买卖证券；

⑤为牟取佣金收入，诱使客户进行不必要的证券买卖；

⑥利用传播媒介或者通过其他方式提供、传播虚假或者误导投资者的信息；

⑦其他违背客户真实意思表示，损害客户利益的行为。

第四节　证券法律实务研究

——以住房租赁资产证券化为例

一、住房租赁资产证券化的概念

资产证券化是一种经济现象，更是一个法律过程。从经济学意义上讲，住房租赁资产证券化是租赁住房和资本两个市场的相互关联促成的结果，即资本市场中的资产证券化融资方式在住房租赁领域产生了作用。它的主要含义是指项目发起人通过集合并重组未来很长一段时间内势必会稳定产生较大规模现金流的相关住房租赁资产，将其变成证券产品，使其具有交易功能，即能在金融市场中出售与流通的过程。从法学意义上讲，住房租赁资产证券化是指在国家法制环境的不断深化发展下，资本制度和住房租赁制度中各要素有机组合成的一种新型融资金融工具。它主要是指给和住房租赁有关的目前确定出现或将来极可能出现的金钱性债权披上证券化形式外衣，它结合了既得债权和期待债权成为债券使用的高等形式。这种债权的使用包括对两个基本过程的综合性运用：债权权利的让与和债权权利的证券化，而后者又涵盖债权权利、物权权利和股权权利的证券化。权利证券化产生的原因是民法关于债权、物权、股权的一般规定不能应付经常处于流通状态的权利，因此将权利记载在证券上。它的主要目的之一是为了促使住房租赁企业相关活动能安全快捷。权利记载在证券上将出现证券让与效力等同于权利让与效力的结果。证券让与行为既方便又反复，权利的流通就此形成。综合来讲，住房租赁资产证券化是指发起人将与住房租赁有关的现有或未来必定发生的金钱债权进行结构性重组，或者说是将与住房租赁有关的既得债权权利和期待债权权利进行重组，将此金钱债权受偿的权利记载在证券上，使之可以在金融市场上买卖的过程。

二、我国住房租赁资产证券化的主要模式

在全球范围内，根据不同的分类标准和方式，住房租赁资产证券化的主要模式分类不同。根据是否真实销售基础资产，即是否将基础资产移出发起人资产负债表，主要模式有

表内表外之分，美国多采用表外模式，欧洲国家多为表内模式。根据是否设立政府主导且符合市场规律的SPV，主要模式有政府主导市场型和完全市场型，前者的主要代表是美国，后者的主要代表是德国和澳大利亚等。① 就我国的情况而言，在创新—复制—再创新的发展规律下，住房租赁资产证券化的模式越来越趋向多元化，从产品模式上来讲，主要有ABS、ABN、CMBS、REITs以及类REITs等多种表现形态（见表3-2）。

表3-2　我国住房租赁资产证券化产品的主要模式

模式名称	发行人特点	交易结构	典型案例
ABS	轻资产运营	信托受益权+专项计划	自如一号ABS
ABN	重资产持有	信托受益权+专项计划	招商蛇口ABN（飞驰ABN）
CMBS	重资产持有	信托受益权+专项计划	景瑞地产CMBS
REITs	重资产持有	公募基金+专项计划	越秀REITs（香港联交所上市）
类REITs	重资产持有	私募基金+专项计划	新派公寓类REITs

ABS模式又称作轻资产的租金受益权ABS模式，是指发起人用持有经营权的租赁住房现有的或将来必定有的租金收益权为底层资产并进行抵押，以租金形成的现金流来偿付私募基金或信托企业以委托或信托贷款方式提供的贷款，并通过一系列的结构化设计进行增信的融资住房租赁资产证券化方式。它的本质是将住房租金的应收账款证券化处理成为抵押资产。该模式募集的额度较小，但“轻资产”的专业运营商经营主体的级别不高，也不具备相应的物业所有权，无法在银行抵押贷款，才多数选择发行该类型的产品。ABN模式是指非金融企业在银行间债券市场发行的，由基础资产所的现金流为还款支持，约定在一定期限内还本付息的债务融资工具。它的本质是向银行间债券市场发行的一种新型债务证券型融资工具。在结构形式上，ABN模式没有硬性要求发起人设立SPV，在项目性质上，它更加类似于配置了应收款项质押权的普通信用债。在债权的形成上，ABN强调以直接投资的方式对底层物业持有企业来形成债权。CMBS模式又名商业房地产住房租赁抵押贷款融资证券，是指原始权益人将各种类型的住房租赁商业房地产资产进行抵押贷款，贷款银行以这些贷款债权为资本发行证券的债权融资方式。其本质是抵押贷款类的资产证券化业务。它的基础资产一般是具有债权属性的商业房地产住房租赁抵押贷款受益权或信托贷款收益权。CMBS模式不要求底层资产产权拆散分离或变更转移，无须承担高税负，融资方对资产享有完整的所有权，但增加了住房租赁商业房地产的不动产抵押程序。它的基础资产包括租赁住房所有权、出租受益权和个人消费住房贷款债券。它的主要特点是公开

① 胡海涛．住房抵押贷款证券化的立法模式与制度选择［J］．中国不动产法研究，2008，3（00）：116-131.

向全社会发行、投资资金额度小、一份证券都可交易、投资者可以是任何合法个体。类REITs模式属于重基础资产持有型证券化模式，像REITs与ABS的结合产物。它的基础底层资产通常是不能公开的私募基金持有份额、信托基金收益权。它主要采取专项计划+私募基金+项目公司的方式，可由发起人自己直接或通过SPV等第三方间接保持底层租赁住房物业的所有权。这种形式不仅有效减少了直接交易导致的税费，还使股权形式拥有了可发行债券的机会。类REITs模式要求资产的真实出售，这一方面具有改善报表、不推升负债率的优势；另一方面也增加了税负。

（一）我国住房租赁资产证券化主要模式的交易结构

我国住房租赁资产证券化各种模式的交易结构大体上可以划分为三种：信托收益权+专项计划、公募基金+专项计划和私募基金+专项计划。它们运作的底层逻辑相似，但上层建筑是完全不一样的，如，在法律依据、交易市场、发行主体限制、募集方式等很多方面都不一样。在ABS模式中，首先由发起人与约定计划资金管理人合作，设立信托受益权的资产支持专项资金计划；然后借贷双方约定借款人以持有经营权的租赁住房预期租金收益权等应收账款作为借款偿付来源并进行抵押，并引入担保机构进行信用增级；接着计划管理人为信托受益权的资产支持专项资金计划开设财产专户，发行获批证券，接收和募集投资人的资金；随后计划管理人将资金全部用于购买借款人的受益权，并将价款全额付至借款人开立的资金监管账户；最后计划管理人将借款人所有的租赁住房租金收益直接偿付给投资人。在ABN模式中，首先原债权人基于自有租赁住房对债务人拥有债权，但为获得流动资金，遂将此债权转卖给第三方公司，第三方公司再作为发起人设立资产支持票据专项计划，引入担保机构进行担保而获得信用增级；接着计划管理人为资产支持票据专项计划财产专户，在商业银行资本市场发行该票据，将募集资金用于支付购买债券的全额价款；然后发起人向原始债权人支付购买债权的价款；最后由计划管理人将债务人偿付的资金直接按比例向投资人进行偿付。在CMBS模式中，首先原始权益人以自有资金与信托公司合作，并设置资金信托计划；接着借款人将自有租赁住房资产抵押给信托公司并以其预期租金收益权等应收账款为还款来源，从而获得信托公司的贷款；然后计划管理人根据要求设立资产支持专项计划，引入担保机构进行增信，从而公开发行证券，并将募集的资金用于购买原始权益人的全部信托受益权；最后由信托公司将租金收益分配给计划管理人，再由计划管理人向投资人偿付债券本金和利息。在REITs模式中，首先发起人挑选拟出售资产并由此形成资产组合，通过买卖的方式将拟出售资产转交给特殊目的公司；然后选定一个优质的基金受托人，并订立信托管理契约和立即设立相关基金；接着基金管理人开始发行基金，将募集资金用以偿付对发起人所负的债务；最后管理人将租赁住房租金收益直接按比例向投资人进行偿付。在类 REITs 模式中，首先投资基金运营管理人直接设立合格私募租赁住房投资基金，并由初始权利人直接认购该基金的全部股权份额；然后专项住房租赁计划基金管理人设立专项计划，以此来受让所有基金份额，间接持有该原始项目公司的全部股权，从而完成私募投资基金的募集；接着私募投资基金通过购买原始项目公司的全部股权间接持有项目底层物业全部资产，并将这些资产全部整租给合法租赁住房管理运营服务平台；最后租赁管理运营平台用最终承租人的住房租赁房款支付项目公司的整体租赁租金，项目公司再以此资金按期向投资者还本付息，同时原始权益人可以按原先的估值依照合同向项目公司行使优先购买权。

（二）我国住房租赁资产证券化主要模式的法律关系

我国住房租赁资产证券化主要模式的整个过程中涉及的法律关系主要包括以下七大类：信托法律关系、担保法律关系、抵质押贷款关系、入股/入伙法律关系、债权权利让与法律关系、委托代理法律关系、租赁法律关系。具体来讲，ABS 模式中有发起人与信托公司两者间、投资人与专项计划两者间的信托关系；发起人与信托计划之间的质押贷款法律关系；担保人与信托计划之间的担保法律关系；律所、评估评级机构、监管银行等机构与信托计划、专项计划之间，信托计划、专项计划与计划管理人之间的委托代理法律关系；租赁住房所有权人与发起人、发起人与住房租赁客户之间的租赁法律关系等五大类。ABN 模式中有初始债权人和其债务人之间的入股/入伙法律关系；初始债权人与发起人之间的债权权利让与关系；发起人、投资人与专项计划之间的信托关系；担保人与专项计划之间的担保法律关系；律所、评估评级机构、监管银行等与专项计划之间的委托代理法律关系；借款人与住房租赁客户之间的租赁法律关系等六大类。CMBS 模式中有发起人与信托公司之间，投资人与专项计划之间的信托法律关系；借款人与信托计划之间的抵质押贷款法律关系；担保人与专项计划之间的担保法律关系；原始权益人与专项计划之间的债权转让法律关系；律所、评估评级机构、监管银行等机构与信托计划、专项计划之间，信托计划、专项计划与计划管理人之间的委托代理法律关系；借款人与住房租赁客户之间的租赁法律关系等六大类。REITs 模式中有发起人与信托公司之间，投资人与专项计划之间的信托法律关系，担保人与专项计划之间的担保法律关系；最初权益人和其专项计划之间的债权转让法律关系；律所、评估评级机构、监管银行等机构与信托计划、专项计划之间，信托计划、专项计划与计划管理人之间的委托代理法律关系；借款人与住房租赁客户之间的租赁法律关系等五大类。类 REITs 模式中有私募基金与信托公司之间，投资人与专项计划之间的信托法律关系；委贷银行与私募基金之间的抵质押贷款法律关系；担保人与专项计划之间的担保法律关系；投资人于专项计划之间，最初权益人与专项计划之间的债权转让法律关系；律所、评估评级机构、监管银行等机构与私募基金、专项计划之间，私募基金计划、专项计划与管理人两者之间的委托代理法律关系；物业运营公司与住房租赁客户之间的租赁法律关系等六大类。

三、我国住房租赁资产证券化法律规制的现实状况

（一）我国住房租赁资产证券化法律规制的概况

我国住房租赁资产证券化法律规制框架的建立主要源自监管者的推动。银监会、保监会、证监会这三大监管机关制定的文件基本组成了我国对该领域的法律规制体系。三大监管机构批准发行的一系列规章和业务指引对发行人范围、基础资产的类型和法律地位、信息披露、监管权限等进行了规定，初步构建了基本的法律规制框架。就我国法律法规体系的建设来看，开展住房租赁资产证券化必须遵循规范证券市场的有效法律法规、部门规章等。其中国家层面的法律有民法典、公司法、证券法等；行政法规有《证券交易所风险暂行管理办法》《金融违法行为处罚办法》等；部门规章有《证券公司及基金管理公司子公司资产证券化业务管理规定》（后文简称《管理规定》）、《股票发行与交易管理暂行条例》；其他规范文件及法规解释有《上市公司信息披露管理办法》《私募投资基金监督管理暂行办法》等。而我国目前直接提到和反映住房租赁资产证券化的官方文件有证监会和住房城乡建设部颁发的《关于推进住房租赁资产证券化相关工作的通知》（后文简称《通知 2018》）、国务院办公厅公布的《国务院办公厅关于加快培育和发展住房租赁市场的若干意见》（后文简称《意见 2016》）、住建部等九个部委发布的《关于在人口净流入的大中城市加快发展住房租赁市场的通知》（后文简称《通知 2017》）。

（二）我国住房租赁资产证券化法律规制的不足

住房租赁资产证券化是一种金融创新业务，它涉及不动产市场、资本市场、证券市场等多个领域，我国在 2018 年迎来其爆发式发展。但我国资产证券化的法律规制远没有跟上证券化爆发式的增长速度。在法律层面上，我国住房租赁资产证券化法律规制涉及多部法律的综合利用。虽然我国有关部门发布了相应的鼓励性和规范性文件，以求住房租赁资产证券化业务健康稳健、合法合规地开展；与此同时，各协会和交易所也分别制定了很多规则，在一定程度上对我国住房租赁资产证券化起到了积极的规制作用，但以此形成的法律规制体系从长远和实践来看依然存在不足。

1. 住房租赁资产证券化及配套法律制度不完善

（1）资产证券化法律规制体系不完善

我国资产证券化法律规制体系不完善主要体现在三个方面：第一，我国还没有针对资产证券化的专门立法，国内资产证券化法律规制从一开始就依赖于财产信托法律，目前只有《管理规定》最具专门性，但其法律效力位阶太低。第二，我国还没有针对住房租赁资产证券化的专门性法律规范。目前我国唯一与住房租赁资产证券化有关的规范性文件只有《通知 2018》。但《通知 2018》法律效力低，主要是原则性规范，只有鼓励性作用，具体可操作性不强。而《意见 2016》和《通知 2017》两个规范性文件只是提到相关概念而已。第三，相关业务操作存在法律障碍。我国的法律规制体系中，没有确认 SPV 的市场主体地位，也没有明确相关期待债权具有转让性。这些障碍具体体现在以下三方面：第一，《证券法》或《管理规定》都未对住房租赁资产证券化做出直接规定，只有从证券业、银行业等不同层面制定的规范法律文件中有所体现。但在实践中，这类规范性法律文件很难对住房租赁资产证券化的规范发展起到促进作用，而且监管规范的统一协调机制缺乏有效性。第二，如《公司法》规定凡是公司都当有住所，而特殊目的机构（SPV）在住房租赁资产证券化实际操作中可以是法律实体或者空壳公司，这与之规定相冲突。再如，在住房租赁资产证券化的实际操作中“真实销售”要求所有权转移，与《信托法》第二条之规定冲突。第三，我国的《民法典》未明确期待债权的可转让性，且要求债权人转让债权必须通知债务人，这使相关业务中未来租金收益权的转让存在瑕疵。

（2）相关性配套法律制度体系不完善

住房租赁资产证券化业务天然性地和住房租赁制度和会计税收制度深度关联，它的良性发展需要这两个领域的制度配合。就住房租赁来讲，我国的住房租赁法律制度并不完善，具体体现在以下四个方面：第一，我国当前没有类似“住房租赁条例”等专门性法律文件，有一定仅针对商品房屋租赁和公共租赁住房的管理办法。第二，未确立严格保护承租人、租金定价指导、中介高门槛准入等原则。第三，无租房备案制、出租人限制解约制、承租人押一付一制、押金第三方托管制，以及中介持证单方代理制等具体制度。第四，缺失享有准行政职能的住房租赁管理服务平台，住房租购不同权的现象明显。就会计税收来讲，首先，我国目前对资产证券化的会计制度依据的法律文件是财政部指定的《信贷资产证券化试点会计处理规定》。但这个规定在财务判断、会计处理等方面缺乏合理性依据。其次，我国现行税法规定对资产证券化及其税收的减免、补贴等政策制度方面还存在很大的空白。如，REITs 模式和类 REITs 模式中，交易结构中包含多次资产转让环节，与交易和投资相关的有增值税、所得税、契税和印花税等众多税种，易出现较高税负和重复征税。

2. 住房租赁资产证券化运行的法律机制不合理

（1）住房租赁资产证券化各主体的准入机制不合理

基础资产、中介机构和投资者在住房租赁资产证券化中有重要地位。针对基础资产来讲，一方面，我国强调在对其进行价值评定时考虑发起方的资信状况，这不利于反应基础资产的真实状况；另一方面，我国目前采取基础资产整体评估制，即从资金池的整体质量推定单笔资产状况，这可能掩盖基础资产不清洁的事实。针对中介机构来讲，我国未采用严格中介机构的准入机制，如未引入严格基金管理人准入制、严格信用评级机构准入制等。特别是对评级机构采取发起人聘用制，这易导致评级机构出具的结论缺乏独立性，不利于投资者权益的保护。针对证券化投资者，我国《管理规定》明确的合格投资者范围太窄，各类公益基金、政府单位以及普通个人无权参与投资。但REITs模式的产品对这些群体具有很强的可投性。

（2）住房租赁资产证券化各环节的操作制度不合理

基础资产真实销售、信用增级评级、信息披露是资产证券化的核心环节。在基础资产真实销售环节，我国法律尚未明确发起人与SPV之间是何种关系，是买卖、是信托、还是其他？也未建立真实销售生效制、优先权制与登记公示制。在信用增级环节，我国未明确内主外辅的增级机制，而内部增级的方式更有助于投资者权益的保护。在信用评级环节，首先我国信用评级机构少，竞争小，易形成垄断；其次，未明确投资人对其的起诉权和获偿权。在信息披露环节，我国还未完全采用标准化数据化形式，没有法定的披露原则，也未建立单笔资产层级披露制。

3. 住房租赁资产证券化的监管协作机制不健全

在市场需求和政策支持下，我国住房租赁资产证券化产品从2018年开始爆炸式增长。资产证券化是横跨多个行业的金融工具，导致传统分业监管凸显监管困境。2008年美国金融危机的发生使资产证券化的监管问题成为学者们关注的焦点。我国资产证券化发展的难题之一是过分零散的部门规章。监管机构根据其监管对象，分别制定了针对不同基础资产的证券化交易法律框架，人为地分割了证券化市场。监管的不充分和不统一，主要体现在实践中对基础资产、特殊目的主体、风险隔离、信用评估等方面存在的法律监管不完善，住房租赁资产证券化监管很难达到较好的监管实效。如为确定基础资产的确定性，基金业协会颁布了《资产证券化业务基础资产负面清单指引》等文件。这导致在证券化备案制情形下，主管单位不再对证券化资金池的使用情况进行审慎审查。这样未能充分涵盖所有高风险企业金融资产，无法有效严格地控制高风险资产参与住房租赁证券化；未对可证券化的基础资产提出有效质量风险控制要求，不能真正实现对基础资产使用以及证券化过程中高风险资产进行有效质量控制的管理目的。

四、完善我国住房租赁资产证券化法律规制的建议

（一）完善住房租赁资产证券化和配套法律制度

1. 完善资产证券化法律规制体系

（1）出台住房租赁资产证券化专门法规

资产证券化中的法律问题涉及诸多法律部门。目前国际上行之有效的立法模式有两种，一是修订现行法律中存在障碍的规则规定；二是出台一部全新的法律。前者如美国，后者如日本。首先，资产证券化及住房租赁资产证券化时刻处于发展和变化之中，对其进行专门化立法能节约立法成本，更好地发挥其专业性，更能适应市场的需要。证券化是上位概念，住房租赁资产证券化或其他产业证券化是下位概念。上位概念的法律虽然同样适用于所有的下位概念。但在具体应用中，每种产业证券化都会面对其领域特有情况和问题，上位概念的法律很难对那些问题预测和规范全面准确。因此，我们应借鉴日本的经验，早日制定施行《资产证券化法》。在这一基础上，我们有必要针对住房租赁资产证券化出台专门性的法律规范。

（2）排除住房租赁资产证券化的法律障碍

完善中国资产支持证券法律规制的前提是应正确界定资产证券化、住房租赁资产证券化及其相关主体的概念和法律属性，如明确 SPV 的市场主体资格等。作为采用制定法的大陆法国家，我国应从资产证券化、住房租赁资产证券化及其相关主体多样化的外在形式中概括和抽离出核心要素，准确、有效地设定和规制它们的内涵标准和重要元素。在各效力层级的规范性法律文件中对它们的概念及法律属性进行描述，以此作为法律规制的基础。对于期待债权的可转让性，可借鉴日本的经验，从民法典层面进行规定。因我国民法典才颁布施行不久，所以可以利用有关司法解释完成此任务，包括减弱债权人对债务人债权转让的通知义务，减少资产证券化的发行成本，促进对住房租赁资产证券化证券投资者合法利益的保护。这样一来，债的双方在定约时就能合理预期今后可能发生的债权转让。但为平衡契约自由和证券投资者利益保护两者的关系，也有必要同时制定期待债权不能转让规则，如原始合同当事人应善意履行禁止转让条款的规定。

2. 完善相关联配套法律制度体系

（1）确保住房租赁制度与证券化相统一

住房租赁市场的繁荣发展是开展住房租赁资产证券化业务的前提。我国国民总数量大，交通便利，人来人往，住房租赁是强劲刚需。但目前出租房市场发展不充分，如租期、租金浮动大等。这不利于开展住房租赁资产证券化，不利于社会经济持续健康发展。为此，我国可以依葫芦画瓢，借鉴德国、日本在规制出租房市场方面的优秀经验，可通过稳定住房租赁关系和鼓励扩大住房租赁市场等手段来完善住房租赁法律规制体系，来保证住房租赁资产证券化基础性法律关系的稳定性。

①制定住房租赁市场的专门法规。结合当前的国情，我国应加快出台《住房租赁条例》。《住房租赁条例》应以《民法典》为上位法，以降低住房租赁关系违约风险为目标，以调整住房租赁权利和义务双方的法律关系为主要内容。《住房租赁条例》还应明确严格保护承租人原则、房租定价指导原则、中介高门槛准入原则等，对出租人限制解约制、承租人押一付一制、押金第三方托管制、中介持证单方代理制等具体制度做出详细规定。

②完善住房租赁市场的配套制度。住房租赁不同于其他物业租赁，它的培育和发展是全局性的任务，需要多领域统一配合、共同努力。首先，我们应该实行备案制并构建租赁住房管理服务平台。对出租房企业和从业人员、租房合同等实行备案制。平台可以是网站、微信小程序、微博大众号、手机 App 等形式，用于发布各类出租房源、同步各种备案信息等。其次，我们应该着手打造出租房领域的征信管理体系，强化对租赁双方和从业人员的信用管理。征信体系的对象包括作为住房出租方的个人和企业、住房承租方、中介等相关从业人员以及相关平台；对信用好的对象可以实行政策性优惠，对失信主体应进行多主体多方位联合惩戒。例如，对信用好的平台和企业，承租人网页搜索时自动前置；要求信用不好的从业者按时汇报从业状况等。然后，更重要的是着力落实“租购同权”机制建设，减少住房租赁者与产权持有者在享受公共服务方面的差异。优质的租赁住房和无差别的公共权益保障，将提高承租人的归属感和幸福感。因此，不同城市管理部门应配合落实，让享受教育、医疗等公共服务的机会能平等公正地向租房群体开放，如连续租住一定年限的登记备案承租人可享受子女义务教育同等入学资格等。

③鼓励住房租赁市场的合法扩大。住房租赁市场的规模影响住房租赁资产证券化市场的规模，我们应借鉴德、日的经验，通过政策法规鼓励拓宽住房出租市场。第一，我们应该通过订立相关法律来规定国家和政府有责任对投资出租房的机构或个人的相关税费或减或补或贴。第二，我们应该成立专门机构来负责建造并管理公租房。第三，我们应该出台积极鼓励私人投资建设租赁住房的政策。例如，学习日本的经验，对新建或翻修租赁住房

的出租方执行补贴税款的机制；或借鉴德国的经验，对建造出租房的投资者给予长期低息免息贷款或给予贴税免税的政策支持。

（2）确保会计税收制度与证券化相统一

住房租赁资产证券化的初衷和效果深受相关会计核算体制和国家税收体系的影响。合理的会计制度能有效降低监管困难度，利好的税收体系能合法激励项目开发。我国应该充分参考美、日等国家的会计体制和税收规则，在实践的过程中不断摸索并查漏补缺，为完善证券化交易中的会计税收规则提供量化依据，用法律的手段最大限度地保护各参与人的利益。我们可以在遵循税法基本要求的前提下，对出租房市场和住房租赁资产证券化产品出台专门税收条例或法律。对于资产证券化税收专项立法可以为资产证券化市场的健康发展提供保障。

（二）优化住房租赁资产证券化运行的法律机制

1. 优化各主体的准入机制

（1）严格基础资产的选择机制

基础资产是住房租赁资产证券化操作的起点和重心。其比须达到有数量相当大并且拥有相同性方可构造资产池。首先，我们应该通过法律明确基础资产的四大属性，即正当性、无瑕性、稳固性和预测性；并且规定只有同时具备这四个属性的资产才可能成为基础资产。其次，法律应该确保产品的定价能体现基础资产的真实质量。可以规定发起人资信只具有参考价值，产品定价的基础只能是基础资产的质量。也可制定具体详细的发行评价指标，例如，明确基础资产应居于核心地段、承租需求期长且量大等，明确基础资产应权属清晰、建设质量高、配套设备齐、公司能力强等，明确原始权益人不在国家企业信用信息经营异常名录、最近几年没有严重违法失信行为等。然后，我们应采取基础资产单笔评估制，即注重资产池中每笔资产的质量，而非将所有基础资产简单整合视作完整体。从单笔资产质量评估整个资金池的状况，而非从资金池的整体质量推定单笔资产状况。

（2）严格中介机构的准入机制

中介机构是住房租赁资产证券化过程的重要当事人，从产品的开发设计和发行交易到运营监管各个环节都可以看到各中介机构的身影。中介机构的资质和质量直接决定其服务质量，间接影响着产品的发展。我们应该严格中介机构的准入机制，明确其参与资质，从源头防范中介机构的道德风险。例如，出台信用黑名单或者白名单制度，对中介机构形成信用管理体系，并针对不同类型的中介采取不同的措施；对基金管理人执行严苛准入机制，对其进行严格实质性审查、合格性审查，即严格审查其原始和流动资本、自身管理体系等。又如，组建权威性信用增级机构。我国住房租赁资产证券化当前属于发展初期，可由政府或大型国企出面组建担保机构，这在确保实力与信誉的同时有利于提高资产质量、优化资产配置。再如，严格信用评级机构准入制，对评级行业设置门槛，规定资格与条件，采取监管机构和投资者聘用制等。

（3）鼓励投资主体的多元化

住房租赁资产证券化的终极目标是吸收足够多的社会闲置资金，并让这些资金活动起来。因此对住房租赁资产证券化产品，我们应该鼓励吸纳范围边界更广泛的投资人群，为其组建多样化不间断资本保证机制；也应该许可它在更宽阔的域流动转手，这样既能方便投资者资本退出，也能真正兑现离散风险之初衷。我们可以借鉴美、日等发达国家的经验，对投资者强化风险认知和规避教育，并规定其投资风险自负的规则；同时主动引导四大基金（证券、政府、产业和保险投资基金）参与产品投资，逐渐引导诸如公积金、社保金、养老金这三金一样期长且稳定的资本参与产品投资，甚至允许普通投资人利用自己的三金对住房租赁资产证券化进行投资。特别是REITs模式的产品，它具有极大的普惠性、广阔的发展前景、较高的稳定收益，值得向普通投资主体推广。

2. 优化各环节的操作制度

（1）优化真实销售制度

完善我国住房租赁资产证券化的法律规制，应当优化真实销售的法律规制。首先，应优化对真实销售的界定定义，明确真实销售是一种发生在发起人和SPV之间的资产转移行为，具体转移方式可以是买卖、信托或其他导致资产所有权从发起人转移给SPV的方式。明确资产转移的对流条件是发起人获得对价，真实销售受到《证券法》的特殊保护并直接产生破产隔离的法律效果。其次，应优化真实销售的判断原则和判断标准，如判断原则的立法取向应以形式主义为核心，并兼顾对追索权、赎回权和剩余索取权、交易价格和对资产的控制权等特定的客观要素的实质性分析。再次，应明确真实销售的生效制度、优先权制度与登记公示制度，如借鉴美国规定的双重转让优先权应建立在住房租赁资产转让合同签订生效制度的基础上。最后，还应完善发起人与SPV之间的法律文件及法律手续，如明确发起人或资产管理人对管理的标的资产或标的资产产生的现金流无独立控制权，只是基于SPV的委托等。

（2）优化增级评级制度

完善我国住房租赁资产证券化的法律规制，应当优化产品信用增级和评级制度。这可以提高产品的信用级别，使产品真实有效地达到预期评级；还可以客观精确地预测产品的利润和风险，便于投资人更理智地拟定投资决定。在信用增级制度建设方面，我们应明确内主外辅助增级机制，即以抵押担保为主，以信用担保为辅，虽然其核心都在于为证券化产品提供特殊担保制度。例如，可以借鉴美国担保交易和独立担保的法律制度，确认差额补足承诺和回购承诺具有法律效力，并规制补足和回购的范围、触发条件、偿付方式等。在信用评级制度建设方面，首先可以在信用评级行业适当引入竞争机制，以市场化方式消除行业垄断；然后，建立评估责任制，规定评级机构对其评级结论承担法律责任；同时，还应要求评级机构在产品存续期间内保持持续评级和追踪评级，关注基础资产、原始权益人等出现的重大事项，及时、准确地做出评级结论调整并向投资人和市场进行披露；最后，应明确投资人在评级机构有重大错误和疏漏情况下的起诉权和获偿权，情节严重的应强制其退出市场。同时，我国还应改进并统一信用评级模型和信用评级测算方式，加速评级模型、数据和参数的本土化，从而提高评级结论的科学性和准确性。

（3）优化信息披露制度

完善我国住房租赁资产证券化的法律规制，应当优化信息披露制度。首先，法律应该明确信息披露制度的基本原则，至少应该包括强制披露原则、持续披露原则、定期披露原则和逐笔披露原则。如美国，它曾经也是将资金池视作一个整体，并对外披露这个整体的信息。而现在基本都采主笔披露原则，将资金池里的各个资产信息独立化，分别对外披露。这样能更真实全面地反应资金池的价值，避免两个资产相互抵消不足。然后，应当要求信息披露采取标准化和电子化的形式。标准化要求明确披露信息的程序、内容、格式、时间和形式等。如内容上应围绕基础资产，时间上应覆盖证券发行和交易的全部阶段。而电子化具有降低成本、提高监管效率等优势。

（三）健全住房租赁资产证券化的监管协作机制

1. 健全行业自律监管体系

自律是主体的一种自我立法、自我约束。从约束人的行为来看，法律做不到无所不包，而应以道德自律为基础。健全自律监管体系可以有效规制法律所不能及的事项和行为。首先，可以成立住房租赁资产证券化协会，利用协会组建自律监管协作平台，平台的表现形式可以是自媒体、线上或线下讲座和学习班等。其次，也可以利用协会出台规范各业务参与人的道德约束守则、工作操作细则、信用评价考核指标体系、失信主体罚则和优秀主体鼓励办法等；同时赋予协会准行政职能，促使协会的自我监管富有效率、出台的各类文件在行业内具有指导意义，以此加快建立自律监管体系。

2. 健全监管统一协作机制

多部门监管在一定程度上可以减轻监管压力，但也容易导致和尚多了没水喝、戏少角儿多的后果，即常见的没人管、都在管和管太少、管太宽等现象，从而浪费国家监管资源，不利于产品和市场发展。要使资产证券化市场真正成为金融资源配置和金融风险管理的有效工具，监管层应着力在制度层面解决“监管分割”的问题，有序稳定推进两个二级市场的统一。我国建立监管统一协作机制有两种方案：第一种，各监管机构不撤不减，仅建立监管统一协作平台。各机构在独立行使职权的前提下，通过平台将本机构的监管信息与其他监管机构共享，通过平台探讨、决策监管疑难事件的处置方式。这种方式前期不用投入过多财力，但却会长期性消耗精力，能在一定程度上节约社会资源，并避免出现监管重复和监管真空现象。第二种，参考日本的经验，设立专门机构监管。可以采取合并现有监管机构的有关部门的方式，也可以选择裁撤现有监管机构的有关部门而另设全新的机构。这种方式前期精力、财力投入巨大，但却是一劳永逸的举措。

3. **建立全流程的监管机制**

对住房租赁资产证券化项目的监管，不能继续使用项前把守、项后惩罚的观念，而是应该借鉴日本全流程保护投资者的经验，建立“事前+事中+事后”这种全流程的持续监管机制。事前监管机制主要包括参与主体的许可制、项目的申报核准制、事前信息公开制度等。如发起人必须在项目发行前向交易所申报，且必须核准通过才可以正式发行。事中监管主要是运作过程中建立风险报告常态化制度以及纠纷解决廉价高效制度。如成立常驻机构及时协调解决各参与人，特别是投资者牵扯的纷争，避免因这些纷争产生不可控制的大范围风险。事后监管主要包括事后信息公开、纷争处理、公平交易等机制。

第四章 保险法律制度与实务研究

第一节　保险法及其基本原则

一、保险法概述

（一）保险的概念

保险是指由多数机构和个人，根据合理计算，共同建立保险基金，对因危险事故所造成的财产损失给予补偿或对人身约定事件的出现实行给付的一种经济保障制度。《保险法》第二条规定：“本法所称保险，是指投保人根据合同约定，向保险人支付保险费，保险人对于合同约定的可能发生的事故因其发生所造成的财产损失承担赔偿保险金责任，或者当被保险人死亡、伤残、疾病或者达到合同约定的年龄、期限等条件时承担给付保险金责任的商业保险行为。”保险作为一种危险管理的重要手段，其实质不是保证危险不发生或不遭受损失，而是对危险发生后遭受的损失予以经济补偿。保险既是一种分散风险、消化损失的经济制度，又是一种因保险契约而产生的法律关系。

保险是一种经济保障制度。保险是为维护社会的安定，通过运用多数社会成员的集合力量，根据合理的计算，共同建立保险基金，用于补偿少数社会成员因特定危险事故或因特定人身事件发生而造成的经济损失，是“集众人之力救助少数人灾难”的经济保障制度，其基本原理是聚合风险、分散损失。

保险是一种具有经济补偿内容的法律制度，是一种双务有偿合同关系。保险是一种因合同而产生的债权债务关系。这种债权债务关系是基于保险法律规范和保险事实而产生的保险法律关系，其实质是当事人互为约定承担给付义务，即投保人承担给付保险费义务，保险人承担赔偿或给付保险金的责任。

（二）保险的要素

1. 保险的前提要素——危险存在

保险与危险同时存在，无危险则无保险，因此，特定的危险事故是保险存在的前提，但并非所有的危险都可以成为可保危险。所谓可保危险应同时符合下列条件：第一，事件发生与否很难确定；第二，事件何时发生很难确定；第三，事件发生的原因与结果很难确定，即事件的发生是意外的，排除当事人故意行为及保险标的的必然现象；第四，危险所导致的后果不能确定。

尽管危险的种类纷繁复杂，但构成保险制度上的危险，大体可分为三类，即人身危险、财产危险和法律责任危险。

2. 保险的基础要素——众人协力

保险的基本原理是集合危险，分散损失。这就要求参加保险者不只是几个人、几个单位，也不只是社会中的少部分人和少部分单位，而要动员全社会的力量，使众多者参加保险。只有众多的社会成员参加保险，其所缴纳的保险费才能积累成巨额的保险基金，从而确保少数人的意外损失获得足额及时的补偿。因此，保险不仅与危险同在，尤其与众人协力同在。

3. 保险的功能要素——损失赔付

保险的功能并非消灭危险，危险是客观存在的，保险的直接功能就是补偿被保险人因意外所受的经济损失。在损失赔付功能上，人身保险与财产保险并不完全一致。财产保险的标的是财产或与财产有关的利益，是能够用货币来准确衡量其价值的；当危险事件发生时，当然也能够用货币来准确衡量其损失额。保险的直接功能是经济补偿原则，即当保险事故发生时，保险人给予被保险人的经济赔偿恰好能填补被保险人因遭受保险事故所造成的经济损失。而人身保险的标的是人的寿命和身体，人的身体、健康和生命是无法用货币来衡量的。当发生保险事故时，究竟会给被保险人造成多少损失，难以用货币来准确衡量。因此，人身保险一般采取定额方式，一旦发生保险事故，则按合同约定的金额给付。危险事件在人身上可能造成的损害是两层意思上的损害，即人身损害和经济损害。人身保险的给付虽然不能填补前者却可以填补后者，因此，人身保险仍然具有补偿的性质。

（三）保险的分类

保险根据不同的划分标准，可以有多种分类。

1. 按照保险标的划分，保险可以分为财产保险和人身保险

财产保险是指以各种物质财产及其有关的利益或责任、信用为保险标的的一种保险，包括家庭财产保险、企业财产保险、机动车辆保险、责任保险、信用保险和海上保险等。人身保险是以人的生命或健康作为保险标的的一种保险，可以分为人身意外伤害保险、健康保险和人寿保险等。

2. 根据实施形式的不同，保险可以分为强制保险和自愿保险

强制保险又称法定保险，多基于国家社会政策或经济政策的需要而举办，其保险标的多与人民生命、健康和国家重大经济利益有关。这种保险的保险标的或对象的范围直接由法律或法规规定，如机动车第三者责任强制保险。自愿保险是通过自愿的方式，即投保人和保险人双方在平等互利、协商一致的基础上，签订保险合同来实现的一种保险。这种保险责任发生的效力依据是保险合同，投保人享有投保的自由选择权，保险人则享有是否承保的决定权。

3. 根据承担责任的次序不同，保险可以分为原保险与再保险

原保险也称第一次保险，是指保险人对被保险人因保险事故所致损害承担直接原始的赔付责任的保险。再保险又称分保或第二次保险，是原保险人为减轻或避免所负风险，把责任的一部分或全部转移给其他保险人的保险。再保险的目的主要是分散风险、扩大承保能力、稳定经营。我国《保险法》第二十八条规定，保险人将其承担的保险业务，以分保形式部分转移给其他保险人的，为再保险。第一百零三条规定，保险公司对每一危险单位，即对一次保险事故可能造成的最大损失范围所承担的责任，不得超过其实有资本金加公积金总和的10%；超过的部分，应当办理再保险。

4. 按照保险人的人数划分，保险可以分为单保险和复保险

单保险是指投保人对于同一保险标的、同一保险利益、同一保险事故与一个保险人订立保险合同的行为。复保险，或称重复保险，是投保人对于同一保险标的、同一保险利益、同一保险事故与数个保险人分别订立数个保险合同的行为。

（四）保险法的含义和内容

1. 保险法的含义

保险法是调整保险关系的法律规范的总和。保险法有狭义和广义之分。狭义的保险法是指保险法典。广义的保险法不仅包括保险法典，还包括其他法律、行政法规中关于保险的规定，以及保险的习惯、有关保险的判例和法理。

2. 保险法的内容

保险法由保险合同法律制度、保险业法律制度、保险特别法和保险监督管理制度四大部分构成。

（1）保险合同法

保险合同法律制度是调整保险合同双方当事人关系的法律制度。保险人和投保人之间的权利和义务关系就是通过保险合同来确立的。凡有关保险合同的订立、变更、终止以及当事人之间的权利和义务关系均属于保险合同法调整的范围。

（2）保险业法

保险业法是调整国家和保险机构的关系的法律规范，包括保险经营机构的设立、变更、解散与清算以及保险业的经营管理方面的法律规范。同时，保险业法律制度还包括有关保险代理和保险经纪、保险公估方面的法律规定。

（3）保险特别法

保险特别法，是专门规范特定的保险种类的保险关系的法律规范。对某些有特别要求或对国计民生具有特别意义的保险，国家专门为之制定法律实施。在这种特别保险法中，往往既调整该险种的保险合同关系，也调整国家对该险种的管理监督关系。

（4）保险监督管理法

保险监督管理法律制度是有关国家对保险业的监管关系方面的法律制度。如保险监管机关对保险条款、保险费率、保险公司、保险代理人、保险经纪人、保险公估人及其业务的经营管理等方面的监督管理。

我国现行的保险基本法是1995年6月30日第八届全国人大常委会第十四次会议通过的《中华人民共和国保险法》，该法于2015年4月24日第十二届全国人民代表大会常务委员会第十四次会议审议第三次修改。

二、保险法的基本原则

（一）最大诚信原则

保险是特殊的民事活动，在保险法律关系中，当事人必须具有较一般民事活动更为严格的诚信程度，即要求当事人具有“最大诚信”，这就是保险法的最大诚信原则。

（二）近因原则

所谓近因，不是指最初的原因，也不是最终的原因，而是一种能动而有效的原因。它既指原因与结果之间有直接的联系，又指原因十分强大有力，以致在一连串事件中，人们从各个阶段上可以逻辑地预见下一事件，直到发生意料中的结果。如果有数种原因同时起作用，近因就是导致该结果的起决定作用或强有力的原因。近因原则的效力表现在：如保险人承保的危险构成产生保险标的损害的近因，保险人应承担对保险标的损失的赔偿责任。

（三）保险补偿原则

保险补偿原则，指保险人在保险事故发生时，依据保险合同约定通过向被保险人给付赔偿金来填补被保险人遭遇保险事故所受的经济损失。这种损失的填补，在保险中被称为“补偿”。保险补偿原则包括两层含义：其一，被保险人在保险事故发生后，有权依保险合同从保险人处获得全面、充分的赔偿；其二，保险赔偿以被保险人的实际损失为限，被保险人不能因获得保险赔偿而获得额外利益。

作为保险法的一项基本原则，保险补偿原则的适用也受到一定的限制。根据我国保险法的规定，在出现以下情形时不能适用补偿原则。

第一，人身保险。各国保险立法及国际惯例均排除补偿原则适用于人身保险，与补偿原则相关联的代位原则、分摊原则也同样被排除在外。其原因在于：人身保险的标的是人的身体、生命或健康，依传统的伦理观念来看，这些均是不能用确定的货币来衡量的，保险人向被保险人给付保险金的目的不是为了补偿损失，而是为了满足被保险人的特定需要。

第二，法律和保险合同对赔偿金额的限制。根据保险业务的需要，法律和保险合同往往通过规定最高赔偿限额、免赔额和被保险人自负额，从而限制了补偿原则的适用。

第三，比例承保、定值保险和重置成本保险的约定。在约定了比例承保的合同中，保险人在保险事故发生时，只按约定的比例赔偿被保险人的经济损失，被保险人不能获得全面、充分的赔偿。在定值保险中，当保险事故发生时，保险人以约定的保险价值为基础，向被保险人计付赔偿金，而不问保险标的在保险事故发生时的实际价值。在重置成本保险中，重置成本保险以超过当时市价的财产重置价作为保险金额，从而突破了实际损失的限制。

（四）保险代位原则

保险代位原则，指保险人在赔偿被保险人的损失后，如第三人对保险事故的发生或保险标的损失负有法律上的责任的，保险人有权在其已经承担的保险赔偿金额范围内向该第三人追偿，而被保险人必须将向第三人追偿的权利转让给保险人。保险代位原则作为保险补偿原则的派生原则，只适用于财产保险合同，而不适用于人身保险。在司法事件中，发生保险代位求偿权的事由主要包括：第三人实施侵权行为导致保险标的受损；第三人违反合同导致保险标的受损；第三人取得保险标的的行为构成不当得利；共同海损。

保险代位求偿的对象是对保险标的负有民事责任的第三人。但是，除被保险人的家庭成员或者其组成人员故意造成保险事故之外，保险人不得对被保险人的家庭成员或者其组成人员行使代位求偿权。保险代位的范围，以保险人实际支付的保险赔偿金额为限。在不定额保险和比例保险的情况下，保险人也只能按实际承担的保险赔偿金额，取得相应的代位求偿权。

（五）保险分摊原则

分摊原则，指投保人对同一保险标的、同一保险利益、同一保险事故分别向两个以上的保险人订立保险合同，当保险事故发生时，保险标的的损失由参与承保的全体保险人共同分摊，并要求被保险人所获保险赔偿总额不得超过其实际损失。

保险分摊原则也是保险补偿原则的派生原则，仅适用于重复保险、财产保险，不适用于人身保险，且排除了保险代位原则的适用。在重复保险的情况下，对某一保险人来说，其他有责任的保险人为第三人，本应适用代位原则，即在某一保险人承担了全部保险责任后，有权就超过其责任的部分向其他保险人追偿。但是，各国立法为防止由此带来的无休止的追偿，均规定了保险人之间分摊被保险人的损失的原则。我国的《保险法》也做出了同样的规定。

为防止被保险人或者投保人的道德危险，即利用重复保险而获利，我国《保险法》规定，重复保险的投保人有义务将重复保险的有关情况通知各保险人。

根据分摊原则，各保险人具体分摊的保险赔偿金额，一般按照各自的保险金额与保险金额总和的比例来确定，保险合同另有约定的例外。但是，不论如何分摊，各保险人承担的保险赔偿责任总金额均不超过保险标的的实际损失。

第二节　保险合同法律制度研究

一、保险合同概述

（一）保险合同的内涵

保险合同是投保人和保险人约定保险权利和义务的协议。投保人是指与保险人订立保险合同，并按照保险合同负有支付保险费义务的人。保险人是指与投保人订立保险合同，并承担赔偿或者给付保险金责任的保险公司。

（二）保险合同的特征

与一般的合同相比，保险合同具有如下特征。

1. **保险合同是“射幸”合同**

“射幸”是碰运气的意思。射幸合同是与交换合同相对应的。在保险的有效期限内，倘若发生保险标的损失，被保险人从保险人那里得到的赔偿金可能远远超过其所支出的保险费；反之，如果保险标的没有损失，则投保人所付出保费就无任何赔偿金所得。保险人的情况则与此相反，当事故发生时，它所赔付的金额大于其所收取的保费；如果没有发生保险事故，责任人享有收取保费的权利而无赔付的责任。这种或赔或不赔以及赔款与保险费的不等额就是所谓的射幸性。保险合同的射幸性是由危险发生的偶然性造成的。这种射幸性质只是就单个合同而言的，因为就全部承保的保险合同整体来看，保险费与赔偿金额的关系是依据概率计算出来的。换言之，保险人所收到的保险费的总额，原则上应与其所负赔偿债务相等。所以，从承保总体来看，保险合同是不存在偶然性的。

2. **保险合同是要式合同**

保险合同应当采用书面形式。我国《保险法》第十三条规定：“投保人提出保险要求，经保险人同意承保，并就合同的条款达成协议，保险合同成立。保险人应当及时向投保人签发保险单或者其他保险凭证，并在保险单或者其他保险凭证中载明当事人双方约定的合同内容。经投保人和保险人协商同意，也可以采取前款规定以外的其他书面协议形式订立保险合同。”

3. **保险合同是附和合同（格式合同）**

保险合同的内容即主要条款是由经主管部门批准的保险方一方事先拟定的。保险方根据自身的承保能力，确定承保的基本条件，规定双方的权利和义务。投保人只有依保险公司设立的不同险种的条款进行投保与否的选择，而没有草拟合同文本或选择、变更、增减合同条款的自由。附和性是保险合同的一个重要特征。保险合同属附和合同，与保险业的特殊性有关。

4. **保险合同是双务有偿合同**

保险合同的当事人按照合同的约定互相负有义务，保险人在合同约定的保险事故发生时或者在保险期限届满时，向被保险人或受益人支付赔偿金或保险金；投保人按约定向保险人缴纳保险费，并以此为代价将经济损失的偶然性转化为经济保障的确定性。保险合同总是有偿的。但从投保人所获得的保障来看，这种合同本身却有两种不同的性质。在保险合同中，有属补偿性质的，也有属给付性质的。凡属补偿性质的保险合同，保险人只是在约定事故发生后，根据被保险人遭受的实际损失而给予赔偿。各种财产保险合同都属补偿性合同。而属于给付性的保险合同，只要合同订明的特定事故出现后，保险人就有履行给付的义务。这种给付，有时并无意外事故出现，亦无损失发生，只是为了满足一种特殊的需要。

5. **保险合同是补偿性合同**

保险是一种危险的管理手段，其集合危险、分散损失的特点决定了保险合同的补偿性。保险并不能保证危险的不发生，也不能恢复已受损失的保险标的。只是通过货币给付来补偿投保人或被保险人的经济利益，弥补其遭受的损失。因此，如果经济利益没有受到损失，就无所谓补偿；如果经济利益受到损失，则以实际损失的最高限额给付补偿，《保险法》禁止谋取超过实际损失的额外经济利益。人身保险也是一种货币救济，但因人身无价，所以人身保险中没有最高限额的限制。

（三）保险合同的分类

1. **财产保险合同和人身保险合同**

根据保险标的的性质，保险合同可以分为财产保险合同和人身保险合同。财产保险合同是以财产及其有关利益为保险标的的保险合同。财产保险合同大多数属于损失补偿性质的合同，保险人的责任以补偿被保险人的实际损失为限。人身保险合同是以人的寿命和身体为保险标的的保险合同。人身保险合同都是定值保险合同。

2. **定值保险合同和不定值保险合同**

根据保险价值在保险合同中是否先予确定，保险合同分为定值保险合同和不定值保险合同。定值保险合同是指当事人双方事先确定保险标的价值并载明于保单中的一种保险合同。定值保险合同成立后，在有效期限内如果发生保险事故并造成财产全部损失，无论保险标的的实际价值是多少，保险人都应当以合同中约定的保险价值作为计算赔偿金额的依据，即事先约定的保险价值是多少，就赔偿多少，而不必也不应对保险标的重新估价。如果是部分损失，也需要确定损失程度的比例、按损失程度比例进行赔偿。在定值保险合同中，除非保险人能证明投保人有欺诈行为，否则，发生责任范围内的保险事故后，保险人不得以保险标的的实际价值与事先约定的保险价值不符而拒不履行舍同。在实践中，较为常见的定值保险合同是海上保险合同和国内货物运输保险合同。此外，船舶保险合同以及字画、古玩等不易确定价值的艺术珍品为保险标的的财产保险合同，某些农业保险合同往往也采用定值保险合同。不定值保险合同，是指在保险合同中不记载当事人事先确定的保险标的价值。这种保险合同，仅记载保险金额，而将保险标的的实际价值留待危险发生需要确定保险赔偿的上限时才去估算。不定值保险合同是根据保险标的实际价值估定其损失额的，而保险标的的实际价值是按损失发生时的市场价格来确定赔偿金额，但根据市场价的赔偿金额不得超过保险金额。

我国《保险法》第五十五条规定，保险标的的保险价值，可以由投保人和保险人约定并在合同中载明，也可以按照保险事故发生时保险标的的实际价值确定。可见，在财产保险中，允许当事人签订定值保险合同和不定值保险合同。

3. **足额保险合同、不足额保险合同和超额保险合同**

根据保险价值和保险金额之间的关系，保险合同可以分为足额保险合同、不足额保险合同和超额保险合同。足额保险合同是指保险金额等于保险价值的保险合同，即以保险标的的全部价值投保所签订的保险合同。若保险标的遭受全部损失，保险人按保险金额赔偿；若为部分损失，根据补偿原则，则以实际损失赔偿。不足额保险合同是指保险金额小于保险价值的保险合同。一部分标的价值投保，不足部分则由被保险人自行承担责任，保险人只按承保的比例承担保险责任。超额保险合同，是指保险金额超过保险价值的保险合同。我国《保险法》第五十五条第二款、第三款规定："保险金额不得超过保险价值；超过保险价值的，超过部分无效。""保险金额低于保险价值的，除合同另有约定外，保险人按照保险金额与保险价值的比例承担赔偿责任。"

4. 补偿性保险合同和给付性保险合同

根据保险合同的性质，保险合同可以分为补偿性保险合同和给付性保险合同。补偿性保险合同是指在危险事故发生后，由保险人评定被保险人的实际损失从而支付保险赔偿金的一种合同。大多数财产保险合同都属补偿性保险合同。非补偿性保险合同，即不以补偿为目的的保险合同。大多数人身保险合同都属非补偿性的保险合同。在人身保险合同中，通常根据投保人（被保险人）的实际需要和交付保险费的能力确定一个保险金额，当危险事故发生时，由保险人按事先确定的保险金额承担给付责任。但是，人身保险合同中的疾病保险合同、伤害保险合同等，却非定额保险合同而属补偿性保险合同。

5. 特定危险保险合同和一切危险保险合同

根据保险人所承担的危险状况的不同，保险合同可以分为特定危险保险合同和一切危险保险合同。特定危险保险合同是指就一种或多种特定危险事故而保险的合同。在这种保险合同中，保险人列举其所承保的危险。一切危险保险合同，并非保险人对任何危险都予以承保，而是在这种保险合同中，除列举的不保危险即“除外责任”外，承保其他任何危险所致的损失。

（四）保险合同法的基本原则

保险法律制度在长期的发展过程中，逐步形成了一系列基本原则，既保险利益原则、最大诚信原则、损失补偿原则和近因原则。这些基本原则是具有国际性的。当然，对这些基本原则的适用，人身保险与财产保险又有不同。

1. 保险利益原则

我国《保险法》第十二条规定，人身保险的投保人在保险合同订立时，对被保险人应当具有保险利益。财产保险的被保险人在保险事故发生时，对保险标的应当具有保险利益。人身保险是以人的寿命和身体为保险标的的保险。财产保险是以财产及其有关利益为保险标的的保险。被保险人是指其财产或者人身受保险合同保障，享有保险金请求权的人。投保人可以为被保险人。保险利益是指投保人或者被保险人对保险标的具有的法律上承认的利益。

保险利益主要有两层含义：一是对保险标的有保险利益的人才具有投保人的资格；二是保险利益是认定保险合同有效的依据。保险利益原则的真正目的在于限制损害填补的适用，避免赌博行为和防范道德危险。尤其在人身保险中，坚持保险利益原则，才能更好地维护被保险人的人身安全利益。

2. 最大诚信原则

鉴于保险合同关系的特殊性，法律对于当事人的诚信度要求远远高于其他民事活动，当事人若有违反，对方有权解除保险合同关系。这就是所谓的最大诚信原则。

保险合同中的最大诚信原则，基本内容有三个方面：告知、保证、弃权与禁止反言。

（1）告知

告知又称申报，是指投保人在订立保险合同时应将与保险标的有关的重要事项如实告知保险人。这是狭义的告知义务。广义的告知义务包括保险合同订立时投保人的告知义务，包括保险期间保险标的的危险增加时被保险人的通知义务，还包括保险事故发生时被保险人的通知义务。

我国《保险法》第十七条规定，订立保险合同，采用保险人提供的格式条款的，保险人向投保人提供的投保单应当附格式条款，保险人应当向投保人说明合同的内容。对保险合同中免除保险人责任的条款，保险人在订立合同时应当在投保单、保险单或者其他保险凭证上作出足以引起投保人注意的提示，并对该条款的内容以书面或者口头形式向投保人作出明确说明；未作提示或者明确说明的，该条款不产生效力。第二十一条规定，投保人、被保险人或者受益人知道保险事故发生后，应当及时通知保险人。第五十二条第一款规定，在合同有效期内，保险标的的危险程度显著增加的，被保险人应当按照合同约定及时通知保险人，保险人可以按照合同约定增加保险费或者解除合同。根据我国《保险法》的上述规定，投保人的告知显然仅限于“订立保险合同时”，在保险合同有效期内和保险事故发生后的告知则称为“通知”。

投保人在订立保险合同时的告知的是“重要事实”。一般的看法是：凡能够影响一个正常的、谨慎的保险人决定其是否接受承保，或者据以确定保险费率，或者是否在保险合同中增加特别条款的事实，都是重要事实。

投保人不履行告知义务的表现形式有两种：一是故意；二是过失。我国《保险法》第十六条第二款、第三款、第四款规定：投保人故意隐瞒事实，不履行如实告知义务的，或者因过失未履行如实告知义务，足以影响保险人决定是否同意承保或者提高保险费率的，保险人有权解除保险合同。投保人故意不履行如实告知义务的，保险人对于保险合同解除前发生的保险事故，不承担赔偿或者给付保险金的责任，并不退还保险费。投保人因重大过失未履行如实告知义务，对保险事故的发生有严重影响的，保险人对于保险合同解除前发生的保险事故，不承担赔偿或者给付保险金的责任，但应当退还保险费。

（2）保证

保证是指保险人和投保人在保险合同中约定投保人担保对某一事项作为或不作为，或担保某一事项的真实性。它通常用书面形式或约定条款附加在保险单上。如，人身保险合同中投保人保证在一定时间内不出国；财产保险合同中投保人保证不在保险标的之中存放特别危险品等。这些都是明示的保证。此外，还有默示保证，主要适用于海上保险合同，如适航能力、不改变航道、具有合法性等。

保证是保险合同的基础，若有违反，保险人即可取得合同的解除权或不负赔偿责任。

（3）弃权与禁止反言

弃权是保险人放弃因投保人或被保险人违反告知义务或保证而产生的保险合同解除权。禁止反言，是指保险人既然放弃自己的权利，将来不得反悔再向对方主张已经放弃的权利。

3. **损失补偿原则**

该项原则只适用于财产保险合同。其含义是指当保险事故发生使被保险人遭受损失时，保险人在其责任范围内对被保险人所遭受的实际损失进行赔偿。损失补偿原则主要体现在以下几个方面。

①补偿实际损失原则。投保人或者被保险人只有受到约定的保险事故所造成的损失时，才能得到补偿，而且损失多少，补偿多少；没有损失就不予补偿。即保险人的补偿恰好能使保险标的恢复到保险事故发生之前的状况，投保人或被保险人不能获得多于或少于损失的补偿。

②最高赔偿限额。保险人的赔付以投保时约定的保险金额为限，而且保险金额不得超过保险标的的实际价值，超过保险金额的损失，保险人不予赔偿。

③超额保险或重复保险中的超额部分无效。超出保险标的的实际价值的投保称为超额保险，其中超出保险价值的部分无效。重复保险是指投保人对同一保险标的、同一保险利益、同一保险事故分别向两个以上保险人订立保险合同的保险，各保险人的赔偿金额的总和不得超过保险价值；其中保险金额总和超过保险价值的，除另有规定外，各保险人按照其保险金额与保险金额总和的比例承担赔偿责任。

④代位求偿制度。代位求偿制度是指财产保险中保险标的的损失是由第三人的行为造成的，被保险人从保险人处取得赔付之后，应将向第三人追偿的权利转让给保险人，保险人有权向第三人追偿损失。我国《保险法》第六十条规定，因第三者对保险标的的损害而造成保险事故的，保险人自向被保险人赔偿保险金之日起，在赔偿金额范围内代位行使被保险人对第三者请求赔偿的权利。前款规定的保险事故发生后，被保险人已经从第三者取得损害赔偿的，保险人赔偿保险金时，可以相应扣减被保险人从第三者已取得的赔偿金额。保险人依照本条第一款规定行使代位请求赔偿的权利，不影响被保险人就未取得赔偿

的部分向第三者请求赔偿的权利。

4. **近因原则**

近因原则是指危险事故的发生与损失结果的形成，必须是直接的因果关系，保险人才对损失承担补偿责任。所以，近因是指造成保险标的损失最直接、最有效、起决定性作用或起支配性作用的原因。在损失的原因有两个以上时，这些原因中可能既有近因又有远因；在损失的原因中既有承保风险又有非承保风险的情况下，需要找出一个造成事故损失的主要原因。近因原则是在保险理赔过程中必须遵循的原则，它要求只有当被保险人的损失是直接由于保险责任范围内的事故所造成的情况下，保险人才能给予赔偿。

（五）保险合同的主体

保险合同的主体包括保险合同的当事人、保险合同的关系人和保险合同的辅助人。

1. **保险合同的当事人**

保险合同的当事人是指订立保险合同的双方，包括投保人和保险人。投保人，又称要保人，是指与保险人订立保险合同，并按照保险合同负有支付保险费义务的人。投保人应具备两个要件：第一，具备民事权利能力和民事行为能力；第二，对保险标的具有保险利益。保险合同中的投保人可以是一方，也可以是多方，在再保险合同中的投保人必须由原保险人充当。

保险人，又称承保人，是指与投保人订立保险合同，并承担赔偿或者给付保险金义务的保险公司。保险人经营保险业务除必须取得国家保险监管部门核准的资格外，还必须在规定的业务范围内，开展经营活动。

2. **保险合同的关系人**

保险合同的关系人包括被保险人和受益人，他们对合同利益享有独立的请求权。

①被保险人。被保险人是指保险事故或事件在其财产或者其身体上发生而受到损失时享有向保险人要求赔偿或者给付的人。被保险人必须具备下列条件：第一，被保险人是保险事故发生时遭受损失的人。一旦发生保险事故，被保险人将遭受损害，但在财产保险和人身保险中，被保险人遭受损害的形式是不尽相同的。在财产保险中，因保险事故直接遭受损失的是保险标的，被保险人则因保险标的的损害而遭受经济上的损失。在人身保险中，因保险事故直接遭受损害的是保险人本人的身体、生命或健康。第二，被保险人是享有赔偿请求权的人。由于保险合同可以为他人的利益而订立，因而投保人没有保险赔偿金的请求权，只有请求保险人向被保险人或受益人支付保险赔偿金的权利。一般来说，财产保险的被保险人资格并无严格的限制，但人身保险的被保险人只能是自然人。

②受益人。受益人是指保险事件发生后，有权获得保险给付的人。就财产保险而言，因受领给付的人多是被保险人，故通常无受益人的规定。在人身保险合同中，凡指定了受益人的，受益人应得的保险金不应列为死者的遗产范围，而只能由受益人享有；这笔保险金也不应用来清偿死者生前的债务或交纳遗产税。

3. **保险合同的辅助人**

保险合同的辅助人是指对订立保险合同起协助作用的人，包括保险代理人、保险经纪人和保险公估人。

保险代理人是指根据保险人的委托，向保险人收取代理手续费，并在保险人授权的范围内代为办理保险业务的单位或者个人。

保险经纪人是基于投保人的利益，为投保人与保险人订立保险合同提供中介服务，并依法收取佣金的单位。

保险公估人是指依法设立的独立从事保险事故评估、鉴定业务的机构和具有法定资格的从事保险事故评估、鉴定工作的专家。他们是协助保险理赔的独立第三人，接受保险公司和被保险人的委托为其提供保险事故评估、鉴定服务。

（六）保险合同的客体——保险利益

1. **保险利益的概念和性质**

保险利益，也称为可保利益，是指投保人对保险标的或被保险人因具有各种利害关系而享有的法律上承认的经济利益或人身利益。

保险利益是保险合同的客体。在保险合同中，保险人保障的是投保人依附于保险标的或被保险人的利益，而不是保险标的或被保险人本身的安全。因此，保险利益就成为保险合同中双方当事人权利和义务共同指向的对象，成为保险合同的客体。

2. **财产保险的保险利益**

在财产保险合同中，凡是因财产发生危险事故而可能遭受损失的人，均为对该项财产具有一定的保险利益的人，包括财产所有人、经营管理人或对某项财产有直接利害关系的人。财产保险合同保险利益有财产上的现有利益、由现有利益而产生的期待利益、责任利益几种。财产保险的保险利益必须具备三个成立要件，即合法性、经济性和确定性。

3. **人身保险的保险利益**

在人身保险中，凡一方的继续生存对他方具有现实的或预期的经济利益，即认为具有保险利益。我国《保险法》第三十一条规定：“投保人对下列人员具有保险利益：（一）

本人；（二）配偶、子女、父母；（三）前项以外与投保人有抚养、赡养或者扶养关系的家庭其他成员、近亲属。除前款规定外，被保险人同意投保人为其订立合同的，视为投保人对被保险人具有保险利益。”

二、保险合同的订立

（一）保险合同的订立程序

保险合同是投保人和保险人约定保险权利和义务关系的协议，它是投保人和保险人之间的一种合意行为。保险合同只有经过投保人的要约和承保人的承诺才能成立。因此，保险合同的订立必须经过要约和承诺两个程序。

1. 要约

要约在保险合同的订立过程中又称为“要保”或“投保”，它是投保人向保险人提出的要求保险的意思表示。投保人的要约一般采用书面形式，即采用要保书形式。

2. 承诺

承诺是保险人同意投保人提出的保险要求的意思表示。保险人的承诺，既可以是保险人自己做出，也可以由保险人的代理人做出。

（二）保险合同的形式

我国《保险法》规定保险合同应采用书面形式，具体形式包括：

1. 保险单

保险单简称保单，是保险人出立的关于保险合同的正式书面凭证。保险单是保险合同的重要组成部分，是保险合同的主要书面表现形式，它是投保人与保险人之间保险合同成立的凭据，是被保险人索赔和保险人理赔的主要依据，在某些情况下，具有有价证券的性质。

2. 保险凭证

保险凭证又称“小保单”，是一种内容和格式简化了的保险单。它一般不列明具体的保险条款，只记载投保人和保险人约定的主要内容。若保险凭证的内容不详或与保险单的内容不一致时，以保险单规定的内容为准。

3. **暂保单**

暂保单是指在保险单发出以前出立给投保人的一种临时保险凭证。按保险惯例，暂保单一般由保险代理人签发，表示保险代理人已经按投保人的要求及所列的事项办理了保险手续，等待保险人出立正式的保险单。暂保单在保险单正式出立前使用，具有和保险单同等的效力，保险单一经出立，暂保单的效力归并到保险单中。

4. **投保单**

投保单是保险人预先备制的以供投保人提出保险要约时使用的格式文书。投保单本身不是保险合同，也非保险合同的正式组成部分。但投保单经投保人如实填写，并由保险人签章承保后，就成为保险合同的组成部分之一，补充保险单的遗漏。

5. **其他书面形式**

是指投保人和保险人以上述四种方式以外的书面形式订立的保险合同。

（三）保险合同的内容

根据我国《保险法》第十八条的规定，保险合同应当包括以下事项：保险人名称和住所；投保人、被保险人的名称和住所，以及人身保险的受益人的名称和住所；保险标的；保险责任和责任免除；保险期间和保险责任开始时间；保险价值；保险金额；保险费以及支付办法；保险金赔偿或者给付办法；违约责任和争议处理；订立合同的年、月、日。

三、保险合同的履行

（一）保险合同履行的概念

保险合同的履行，是指保险合同依法成立并生效后，合同主体全面、适当完成各自承担的约定义务的行为。从内容上看，履行包括投保人、被保险人和保险人的合同义务的履行。从程序上看，履行还包括索赔、理赔、代位求偿三个环节。

（二）投保人、被保险人的义务

1. **交付保险费**

交付保险费是投保人的主要义务。投保人应按约定的时间、地点、方式交付保险费。不同的保险条款对保险费的交付方法有不同的规定，可以一次付清，也可以分期付款。但根据《保险法》第六十条的规定，保险人对人身保险的保险费，不得用诉讼方式要求投保人支付。

2. 危险增加的通知义务

在合同有效期内，保险标的危险程度增加的，被保险人按照合同约定应当及时通知保险人，保险人有权要求增加保险费或者解除合同。被保险人未履行危险增加的通知义务的，因保险标的危险程度增加而发生的保险事故，保险人不承担赔偿责任。

3. 预防危险的发生

我国《保险法》第五十一条第一款规定，被保险人应当遵守国家有关消防、安全、生产操作、劳动保护等方面的规定，维护保险标的的安全。该条第二款规定，根据合同的约定，保险人可以对保险标的的安全状况进行检查，及时向投保人、被保险人提出消除不安全因素和隐患的书面建议。可见，被保险人应依法操作，预防危险的发生并积极配合保险方的安全检查工作，对其建议应认真采取措施落实。

4. 出险通知

如果发生保险事故，投保人、被保险人或受益人知道后负有及时通知保险人的义务。

5. 施救义务

保险事故发生时，被保险人有责任采取必要的措施、方式减少损失；否则，保险人对损失扩大部分可以拒赔。

6. 索赔的举证责任

我国《保险法》第二十二条规定，保险事故发生后，依照保险合同请求保险人赔偿或者给付保险金时，投保人、被保险人或者受益人应当向保险人提供其所能提供的与确认保险事故的性质、原因、损失程度等有关的证明和资料。保险人依照保险合同的约定，认为有关的证明和资料不完整的，应当通知投保人、被保险人或者受益人补充提供有关的证明和资料。

7. 损余标的的转让

保险事故发生后，保险人已支付了全部保险金额，并且保险金额相等于保险价值的，受损保险标的的全部权利转移，归于保险人；保险金额低于保险价值的，保险人按照保险金额与保险价值的比例取得受损保险标的的部分权利。

(三) 保险人的义务

1. 赔偿和给付

赔偿和给付即在保险事故发生后或者保险合同中规定的事项发生后对损失给予赔偿或者向受益人支付约定的保险金。损失赔偿包括:

①损失补偿。财产保险中的保险金额应视实际损失而定，但不得超过保险标的的保险金额。人身保险中则以约定的保险金额为最高限额为准。责任保险中，以约定的最高赔偿额为限。

②施救费用。保险事故发生后，被保险人为防止和减少保险标的的损失所支付的必要的、合理的费用，由保险人承担。保险人所承担的数额在保险标的损失赔偿金额以外另行计算，最高不超过保险金额的数额。

③保险人、被保险人为查明和确定保险事故的性质、原因和保险标的的损失程度所支付的必要的、合理的费用，由保险人承担。

我国《保险法》第二十三条规定，保险人收到被保险人或者受益人的赔偿或者给付保险金的请求后，应当及时做出核定，并将核定结果通知被保险人或者受益人；对属于保险责任的，在与被保险人或者受益人达成有关赔偿或者给付保险金额的协议后10日内，履行赔偿或者给付保险金义务。保险合同对保险金额及赔偿或者给付期限有约定的，保险人应当依照保险合同的约定，履行赔偿或者给付保险金义务。保险人未及时履行赔偿或给付保险金义务的，除支付保险金外，应当赔偿被保险人或者受益人因此受到的损失。

2. 保密义务

在投保时，投保人或者再保险的分出人有向保险人或再保险人如实告知的义务。为了维护被保险人和再保险分出人的合法权益，保险人或者再保险人对在办理保险业务时知晓的投保人、被保险人或者再保险分出人的情况，负有保密的义务。

(四) 索赔

索赔是指被保险人或受益人在保险事故发生后或在保险合同约定事项出现后，依据保险合同的规定，在法定期限内向保险人请求赔偿损失或者给付保险金的行为。

一般情况下，财产保险合同的索赔权利人是被保险人；在被保险人因事故死亡的特殊情况下，则由其继承人行使。但责任保险合同的受害第三人是索赔权利人。人身保险合同的索赔权利人是受益人，无约定受益人时，被保险人的继承人是索赔权利人。

保险事故发生后，索赔权利人应在规定的时间内向保险人索赔。人寿保险的被保险人或者受益人对保险人请求给付保险金的权利，自其知道保险事故发生之日起 5 年内不行使而消灭。人寿保险以外的其他保险的被保险人或者受益人，对保险人请求赔偿或者给付保险金的权利，自其知道保险事故发生之日起 2 年内不行使而消灭。

（五）理赔

理赔是指保险人接受索赔权利人的索赔要求后所进行的检验损失、调查原因、搜集证据、确定责任范围直至赔偿、给付的全部工作和过程。

我国《保险法》第二十四条规定，保险人收到被保险人或者受益人的赔偿或者给付保险金的请求后，对不属于保险责任的，应当向被保险人或者受益人发出拒绝赔偿或者拒绝给付保险金通知书。我国《保险法》第二十五条规定，保险人自收到赔偿或者给付保险金的请求和有关证明、资料之日起 60 日内，对其赔偿或者给付保险金的数额不能确定的，应当根据已有证明和资料可以确定的最低数额先予支付；保险人最终确定赔偿或者给付保险金的数额后，应当支付相应的差额。

（六）代位追偿

代位追偿是指保险人在向被保险人赔偿损失后，取得原应由被保险人享有的向对该损失应负赔偿责任的第三方请求赔偿的权利后的追偿行为。代位追偿权只适用于财产保险中，涉及第三人责任时。人身保险中不存在代位追偿权。保险人对被保险人履行了全部赔偿义务，被保险人向保险人出具权益转让书，是保险人取得代位追偿权的前提。在行使代位追偿权时，保险人所取得的赔偿金额不应超过其向被保险人支付的金额。如果超过，超过部分应归被保险人所有。

四、保险合同的变更、解除和终止

（一）保险合同的变更

保险合同的变更是指保险合同没有履行或者没有完全履行之前，当事人根据主客观情况的变化，依照法律规定的条件和程序，对保险合同在主体、客体、内容、效力上的变更。

1. 主体变更

也称保险合同的转让。它是指在不改变保险人、保险标的和保险内容的情况下，变更投保人或者被保险人的行为。保险合同的转让主要是基于保险标的的所有权转移或保险标的的经营权变化而产生的。在一般财产保险中，保险合同的转让必须经保险人同意，并在原始保险单、保险凭证上批注或附贴批单，或有投保人和保险人订立变更的书面协议，方为有效。而对货物运输的保险合同，则允许保险单随货物所有权的转移而转移，只须投保方背书即可转让，不必征得保险方的同意，这是由货物运输的流动性特点决定的。

2. **客体变更**

客体变更是指投保人的保险利益变更。这种情形下，由投保人提出变更要求，经保险人同意，方可变更。

3. **条款变更**

保险合同条款变更一般应征得保险人的同意。我国《保险法》第二十条规定，在保险合同有效期内，投保人和保险人经协商同意，可以变更保险合同的有关内容。变更保险合同的，应当由保险人在原保险单或者其他保险凭证上批注或者附贴批单，或者由投保人和保险人订立变更的书面协议。但在人身保险合同中，被保险人或者投保人变更受益人，就只须书面通知保险人，而不必征得保险人的同意。

4. **效力变更**

保险合同效力变更主要是指保险合同失效后又复效。保险合同的失效，是指在保险合同生效后，由于某种原因使合同暂时中止而失去效力。保险合同的复效是针对保险合同的失效而言的，它是指在保险合同的效力失效以后重新开始生效。我国《保险法》第三十六条规定，合同约定分期支付保险费，投保人支付首期保险费后，除合同另有约定外，投保人自保险人催告之日起超过三十日未支付当期保险费，或者超过约定的期限六十日未支付当期保险费的，合同效力中止，或者由保险人按照合同约定的条件减少保险金额。被保险人在前款规定期限内发生保险事故的，保险人应当按照合同约定给付保险金，但可以扣减欠交的保险费。

我国《保险法》第三十七条规定，合同效力依照本法第三十六条规定中止的，经保险人与投保人协商并达成协议，在投保人补交保险费后，合同效力恢复。但是，自合同效力中止之日起满二年双方未达成协议的，保险人有权解除合同。保险人依照前款规定解除合同的，应当按照合同约定退还保险单的现金价值。

（二）保险合同的解除

保险合同的解除是指在保险合同关系的有效期内，当事人依据法律规定或合同的约定，提前消灭保险合同的权利和义务的行为。一般由有解除权的一方向他方为意思表示，使已经成立的保险合同失效。但保险合同的解除权，在法律有限制性规定的情况下不得行使。我国《保险法》第五十条规定，货物运输保险合同和运输工具航程保险合同，保险责任开始后，合同当事人不得解除合同。

1. **投保人的解除权**

保险合同的解除权一般由投保人行使，因为保险合同从根本上说是为分担投保人的损失而设，故赋予投保人以保险合同解除权可以很好地维护其利益。我国《保险法》第十五条规定：除本法另有规定或者保险合同另有约定外，保险合同成立后，投保人可以解除保险合同。

2. **保险人的解除权**

一般情况下，保险人不得随意解除保险合同，除非投保人一方有违约或违法行为。我国《保险法》第十五条规定：除本法另有规定或者保险合同另有约定外，保险合同成立后，保险人不得解除保险合同。我国保险法规定的保险人有权解除保险合同的情形有：

①投保人不履行如实告知义务时，保险人有权解除保险合同。

②被保险人或者受益人在未发生保险事故的情况下，谎称发生了保险事故，向保险人提出赔偿或者给付保险金的请求的，保险人有权解除保险合同。

③投保人、被保险人或者受益人故意制造保险事故的，保险人有权解除保险合同，不承担赔偿或者给付保险金的责任，除法律另有规定外，也不退还保险费。

④投保人、被保险人未按照约定履行其对保险标的安全应尽的责任的，保险人有权要求增加保险费或者解除合同。

⑤在合同有效期内，保险标的危险程度增加的，被保险人按照合同约定应当及时通知保险人，保险人有权要求增加保险费或者解除合同。被保险人未履行有关通知义务的，因保险标的的危险程度增加而发生的保险事故，保险人不承担赔偿责任。

⑥投保人申报的被保险人年龄不真实，并且不真实年龄不符合合同约定的年龄限制的，保险人可以解除保险合同，并在扣除手续费后，向投保人退还保险费，但是自合同成立之日起逾 2 年的除外。

⑦在人身保险合同的情况下，自合同效力中止之日起 2 年内双方未达成协议的，保险人有权解除合同。保险人依照前述规定解除合同，投保人已交足 2 年以上保险费的，保险人应当按照合同约定退还保险单的现金价值；投保人未交足 2 年保险费的，保险人应当在扣除手续费后，退还保险费。

（三）保险合同的终止

保险合同的终止，是指当事人的权利和义务因法定或约定事由的出现而消灭。保险合同终止的原因有以下几种。

①保险合同因解除而终止。

②保险合同因期限届满而终止。

③保险合同因行使终止权而终止。我国《保险法》第五十八条规定，保险标的发生部分损失的，在保险人赔偿后30日内，投保人可以终止合同；除合同约定不得终止合同的以外，保险人也可以终止合同。保险人终止合同的，应当提前15日通知投保人，并将保险标的未受损失部分的保险费，扣除自保险责任开始之日起至终止合同之日止期间的应收部分后，退还投保人。

④保险标的由于保险事故以外的原因而灭失。

⑤保险人履行赔偿责任或给付义务。

⑥保险人、投保人破产或被保险人死亡。

⑦因保险合同约定的终止条件成立而终止。

第三节　保险组织法律制度研究

一、保险公司设立

（一）条件和程序

根据我国《保险法》第六十八条的规定，设立保险公司应当具备以下条件：第一，有符合《保险法》和《公司法》规定的章程。第二，有符合《保险法》规定的注册资本最低限额。我国《保险法》第六十九条规定，设立保险公司，其注册资本的最低限额为人民币2亿元。保险公司注册资本最低限额必须为实际货币资本。保险监督管理机构根据保险公司业务范围、经营规模，可以调整其注册资本的最低限额，但是不得低于2亿元的限额。第三，有具备任职专业知识和业务工作经验的高级管理人员。第四，有健全的组织机构和管理制度。保险公司的组织机构，适用《公司法》的规定，应当注意的是，国有独资公司应设立监事会。监事会由有关保险监督管理机构、有关专家和有关保险公司工作人员的代表组成。对国有独资保险公司提取各项准备金、最低偿付能力和国有资产保值增值等情况以及高级管理人员违反法律、行政法规或者章程的行为和损害公司利益的行为进行监督。第五，有符合要求的营业场所和与业务有关的其他设施。

设立保险公司，必须经保险监督管理机构批准。申请设立保险公司，应当提交下列文件、资料：第一，设立申请书，申请书应当载明拟设立的保险公司的名称、注册资本、业务范围等；第二，可行性研究报告；第三，保险监督管理机构规定的其他文件、资料。设立保险公司的申请经初步审查合格后，申请人应当依照《保险法》和《公司法》的规定进行保险公司的筹建。

具备《保险法》规定的设立条件的，向保险监督管理机构提交正式申请表和下列有关文件、资料：第一，保险公司的章程；第二，股东名册及其股份或者出资人及其出资额；第三，持有公司股份10%以上的股东资信证明和有关资料；第四，法定验资机构出具的验资证明；第五，拟任职的高级管理人员的简历和资格证明；第六，经营方针和计划；第七，营业场所和与业务有关的其他设施的资料；第八，保险监督管理机构规定的其他文件、资料。保险监督管理机构审查设立申请时，应当考虑保险业的发展和公平竞争的需要。保险监督管理机构自收到设立保险公司的正式申请文件之日起6个月内，应当做出批准或者不批准的决定。

经批准设立的保险公司，由批准部门颁发经营保险业务许可证，并凭经营保险业务许可证向工商行政管理机关办理登记，领取营业执照。

保险公司自取得经营保险业务许可证之日起6个月内无正当理由未办理公司设立登记的，其经营保险业务许可证自动失效。

（二）分支机构

保险公司在中华人民共和国境内外设立分支机构，须经保险监督管理机构批准，取得分支机构经营保险业务许可证。保险公司分支机构不具有法人资格，其民事责任由保险公司承担。

保险公司在中华人民共和国境内外设立代表机构，须经保险监督管理机构批准。

二、保险公司的变更

保险公司有下列变更事项之一的，须经保险监督管理机构批准：第一，变更名称；第二，变更注册资本；第三，变更公司或者分支机构的营业场所；第四，调整业务范围；第五，公司分立或者合并；第六，修改公司章程；第七，变更出资人或者持有公司股份10%以上的股东；第八，保险监督管理机构规定的其他变更事项。

保险公司更换董事长、总经理，应当报经保险监督管理机构审查其任职资格。

三、保险公司的终止

（一）保险公司终止的原因

①解散。保险公司因分立、合并或者公司章程规定的解散事由出现，经保险监督管理机构批准后解散。保险公司应当依法成立清算组，进行清算。经营有人寿保险业务的保险公司，除分立、合并外，不得解散。

②被撤销。保险公司违反法律、行政法规，被保险监督管理机构吊销经营保险业务许可证的，依法撤销，由保险监督管理机构依法及时组织清算组进行清算。

③破产。保险公司不能支付到期债务，经保险监督管理机构同意，由人民法院依法宣告破产。保险公司被宣告破产的，由人民法院组织保险监督管理机构等有关部门和有关人员成立清算组进行清算。

（二）保险公司终止的后果

保险公司依法终止其业务活动，应当注销其经营保险业务许可证。经营有人寿保险业务的保险公司被依法撤销的或者被依法宣告破产的，其持有的人寿保险合同及准备金，必须转移给其他经营有人寿保险业务的保险公司；不能同其他保险公司达成转让协议的，由保险监督管理机构指定经营有人寿保险业务的保险公司接受。转让或者由保险监督管理机构指定接受前述规定的人寿保险合同及准备金的，应当维护被保险人、受益人的合法权益。

保险公司依法破产的，破产财产优先支付其破产费用后，按照下列顺序清偿：①所欠职工工资和劳动保险费用；②赔偿或者给付保险金；③所欠税款；④清偿公司债务。破产财产不足清偿同一顺序清偿要求的，按照比例分配。

第四节　保险法律实务研究

——以互联网保险合同为例

一、互联网保险的特征

（一）签订环节线上化

互联网保险，一般都是由保险人事先制定好保险条款，在网络上以数据电文的形式显示出来，然后由投保人在网站上点击确认，最后完成投保、承保、合同的成立、生效全过程。利用网络信息技术开展的网上投保业务，方便了广大消费者，可以突破时间、空间距离的限制，这不仅体现在线上下单取代线下面对面投保上，也极大地简化了投保流程，提升了签约效率。线上化的理赔与付款方式，也改变了传统的理赔模式，提升出险理赔效率，为受益人节约时间成本。此外，很多消费者在网上购买保险，其中一个原因是他们不愿意和销售员长期打交道，过去的某些不规范营销现象导致部分消费者对保险代理人存在穷追不舍、口若悬河的不良印象，从而产生了厌烦情绪，因此，个人在购买保险时会受到一定的影响。但同时，由于消费者在购买保险时对自身所购买的保险产品的相关信息与数据了解不够全面深入，可能导致购买不适当的保险产品。因此，许多网上保险销售平台都推出了网上客户服务，通过即时交流的方式，可以帮助消费者与保险人进行有效的个性化沟通，提高消费者对保险产品的认识程度，进而为客户提供个性化服务，使得消费者对险种的选择更加精准。

（二）保险合同电子化

传统的保险合同都是以纸质文件为基础，而网上保险合同的全部过程都是在网络上进行的，并不要求实际的载体。传统保险合同签订时实际接触投保人的通常是具有一定的业务经营场所和专业业务人员，而网上保险合同则是借助在线平台，将投保环节虚拟化。互联网保险契约的虚拟特征在于，所有的交易都是以二进制的方式在网上进行。电子保单，是投保人和保险人签订保险合同的凭证文件。消费者可根据自身需求，随时在网络运营平台上提取查看电子保单数据，免去了纸质保单须随身携带的烦琐。电子保单以数据电文的形式在云端储存，具有永久性。对比之下，传统纸质保单作为保险凭证具有易毁损灭失的风险。在保险合同生效后，双方可以通过网络作为中介，通过电子保单实现合同的履行。而与保险合同有关的信息，则可以用电子数据的形式进行记载。

（三）险种多样化

在传统的保险合同中，投保人和保险人之间的面对面交流和协商在保险合同中占有举足轻重的地位。在保险公司与投保人的沟通与交流中，可以使其对保险公司所从事的业务有所认识，进而签订符合其意向的保险合同。故而，传统保单所包含的险种范围相对固定，相关险种主要有人寿险、意外险、车险、重疾险、养老险、教育险等长期大额险种。而网络保险依靠的是基于大数据的用户需求分析，能够准确地预测出客户的购买和服务需要，从而给出相应的解决方案。这将提高保险效率，极大地改善用户体验，实现共赢。基于网络大数据精准抓取，保险公司可以通过用户喜好、生活轨迹等合法获取大数据群体信息，抓住用户兴趣点，定制化产品精准推送，以满足消费者不断变化的保险需求。例如，疫情期间众安保险公司推出了一项“众安爱无忧”保险产品，保费 59 元，新冠肺炎强制隔离津贴 200 元/天，最长赔付隔离时间 30 天，保障期一年。37℃高温险，在炎热的夏季（6 月 21 日至 8 月 23 日），如果被保险人所在某城市连续 37℃的高温日超过了保险规定的免赔期，则会得到最高 100 元的高温补贴。在实践中，互联网保险合同涵盖了多种保险类型。除传统保单所覆盖的险种之外，还有航空延误险、天气险、婚姻险等根据生活场景不断更新的小而简单的险种来适应社会变化趋势。

（四）互联网保险合同具有更高的诚实守信要求

网络平台作为一种新型的组织生产力主体，担负着维护网络市场秩序、保障用户权益等社会功能。网络保险合同相对于传统的保险契约而言，具有较大的虚拟性，能够缩小投保人与保险人的空间距离，但同时也带来了越来越多的法律风险。相比传统的保险合同，网络保险对诚信守信要求更高。简言之，在网络保险合同中，保险双方无须面对面地进行保险业务，而是借助网络实现了整个或部分保险流程，空间的距离对双方的诚实守信提出了更高的考验。例如，无须双方见面，只要达成意思合意互联网保险协议即可成立，但在线签订保险合同的投保人可以保留其个人真实甚至与被保险标的有关的信息。例如，他们早已意识到自己有可能患上这种病，但是隐瞒了下来，导致保险公司对重要风险信息不知情而与其签订了互联网保险合同，这就违反了诚信原则。反之，传统保险合同在线下签订时通常保险代理人会对保险合同免责条款等内容进行重点讲解并提示投保人，但是在购买互联网保险时投保人面对的是单一枯燥的大段文字内容，这就对保险人的说明义务履行提出了更高要求。所以，在网络保险合同中，相对于传统的保险合同而言，风险更大，签订形式的特殊性对合同当事人诚实守信的要求都变得更高。

二、互联网保险合同的准据法

我国没有专门调整互联网保险合同的法律规范，关于互联网保险纠纷的准据法重点关注网络保险宏观调控与消费者权益保障方面，而在有关互联网保险的合同方面的具体细节却鲜有讨论。产生相关法律风险的原因主要在于互联网保险的发展速度与法律体系建设上的不协调。现行的网络保险合同法规与原有的法律规范不协调，网络保险与民事法律法规之间的衔接不够紧密。

2005 年我国颁布了《中华人民共和国电子签名法》，对网络保险进行了立法上的规范，明确了网络保险的签订方式和条件。但是，它毕竟只是一个笼统的概念，并不能被视为我国网络保险专业法的起点，更不能从广义的意义上说网络保险的合规性问题。本质上讲，2015 年 7 月中国保监会发布的《互联网保险业务监管暂行办法》启动了网络保险业的合规监管。2021 年 2 月 1 日中国银行保险监督管理委员会颁布的《互联网保险业务监管办法》正式施行，标志着我国互联网保险确立正式的专门性监管法律来加以监管，保险经营机构有法可依。

三、互联网保险合同成立与生效标准的确定

互联网保险是通过虚拟的金融环境来实现的高效率、高质量的无纸化交易。法律的滞后性使然，应用场景的变化必然导致出现现有法律规定所不能的争议。互联网对保险合同的成立和生效时间点判断标准的影响即是一个具有代表性的问题。

（一）互联网保险合同的订立方式

在线下签订保险合同时，由投保人先发投保的意思表示，然后由保险人承保。在法律性质上，投保人以要约形式发出购买保险的意思表示，保险人收到要约后通过核保，保险人表示愿意与投保人订立保险合同，所以法律上将保险人的同意认定为承诺，保险合同于承诺生效时成立。所以，保险人的承诺在合同中起着关键作用。传统的投保方式中通常是投保人向保险公司索取保单，并按照保险条款的相关规定，如实填写个人资料。保险合同是由保险人向投保人出具的一种形式文书。在信息技术的加持下，与传统保险相比，在互联网上购买保险的方式也发生了变化。但究其本质，互联网保险仍属于保险的一种，只是方式发生了改变。因此，互联网保险合同实质上亦是发出要约和做出承诺进而双方达成合意所签订的合同。利用互联网平台，网络保险在签订合同时具备了更大的灵活性。

（二）互联网保险合同的成立与生效标准不明确

在网上保险中，所有保险合同都是无纸化的电子信息，没有传统的纸质合同。与之不同的是，传统的线下保险交易双方签订保险合同、投保人缴纳保费都有明确的现实身体动作，易于准确识别，而依托于互联网信息技术的互联网保险合同的签订所有动作均在线上完成，哪一个节点可以比照传统保险合同的签订模式认定为合同成立、哪一个节点可认定为合同生效均有待商榷，目前尚未有针对互联网保险的特别法予以具体规定。基于不同利益出发点的合同主体双方，对互联网保险合同的各节点会产生不同的理解与定义，进而导致产生互联网保险合同纠纷诉诸法院也就在所难免。保险通过网络以数据电文的方式进行信息传递，可以免去保险消费者和保险代理人的直接联系，减少中间环节，节省费用，提高工作效率。但弊端就是会使保险双方之间的信息不对称性日益严重，很可能导致机会主义和道德风险的发生。

《民法典》合同编中规定了电子合同中要约的生效时间，以数据电文方式订立合同时，收件人以指定的系统接收数据电文的，该数据电文进入特定系统的时间，视为要约的到达时间。《保险法》第十三条明确规定“当投保人向保险人提出保险的要求，保险人表示同意承保，保险合同成立。依法成立的保险合同，自成立起生效，投保人和保险人可以对合同的效力约定附条件或者附期限。”换言之，合同于双方当事人就合同内容达成合意时成立。虽然互联网保险的出现为消费者购买保险产品提供便利的同时加快了保险合同签订效率，但是也为司法实务提出了新的挑战，即在互联网环境下，一份保险合同成立和生效的时间点具体以怎样的标准来进行准确划分。

技术手段提供便利的同时，交易场景由线下转变至线上，变量的引进必然导致互联网保险合同与传统的线下保险合同存在不同之处。作为合同的其中一种，网络保险合同的准据法离不开《民法典》合同编和《保险法》，《民法典》合同编中有关合同成立与生效的一般性法律规定当然适用于互联网保险合同，即合同成立的时间是双方当事人达成合意之时，也就是一方发出要约，另一方做出承诺且承诺生效时保险合同成立。合同的生效，是以合同的成立为前提的，使其成为法律认可的合同，并由此产生法律效果。如无特殊约定，在依法有效条件的下，合同成立时即生效。

《保险法》中，保险合同法作为保险制度智慧的凝结，对保险活动中的合同行为进行规范，是保险双方当事人行使权利和履行义务的指南针，以此来保障保险中当事人各方的利益平衡。互联网保险作为保险合同的一种，也要遵循《合同法》的规定，以保险人与投保人之间的合意为基础。对于网络保险合同的成立和生效的时间点，在司法实践中出现纠纷的原因，正是在于基于不同利益立场的双方当事人，对要约和承诺如何适用于网络保险中产生不同理解，未能明确双方何时达成了合意。由于缺乏统一明确的法律指引，在保险和司法实务中，是否可依据电子保单进入投保人电子系统的时间来确认保险网络合同成立与有效的时间点亦颇具争议。

四、互联网保险合同成立与生效的法律调整

面对市场潜力巨大的互联网保险，目前我国颁布的相应法规，主要是从政府监管层面针对互联网保险准入机制、数据保护等方面加以规定，而针对互联网保险合同的专门性法规仍存在缺位。关于网络保险合同具体成立时间、生效时间的确认，在实践中因保险法律法规的相对滞后性存在争议。

（一）明确互联网保险成立与生效的标准

现行法律如何适用于互联网保险合同，成立与生效的时间点具体如何认定的问题，目前没有明确统一的规范，对于合同成立的要素——要约和承诺如何认定在实务中产生了不同理解，主要分为以下三种观点。第一种观点认为，与传统保险的认定标准不同，保险人在自营或者第三方平台上展示的产品投保应当属于要约，投保人填写完个人身份信息并后台提交投保单并缴纳保费的行为是承诺的意思表示，保险合同在保险公司收到投保申请及保险费时成立并且自成立时生效。该学说的支持者有贾林青教授，其主张“保险人于平台上展示的保险产品投保页面以及设置的在线投保流程符合我国《合同法》第十四条、第十五条中关于要约的具体内容规定，应将保险产品页面视为保险公司向不特定的人群所发出的订立保险合同之要约。投保者点击进入保险产品页面即为收到要约，按照保险人规定的流程操作进行投保并交纳保费的动作，视为其对要约的承诺。如果保险公司在后台收到被保险人的投保申请，承诺即生效，双方达成协议。届时，互联网保险合同即成立，合同自成立时生效”。①

第二种观点是互联网保险合同成立时间的认定与传统保险合同相同，网络保险人承诺时合同成立。南京鼓楼法院认为：“投保人进入投保页面填写被保险标的信息并完成网上缴付保费完成投保流程构成要约；保险人收到投保申请同意承保后会生成相应的保险单，代表保险公司对投保人报价的承诺。至此，互联网保险合同于承诺生效时成立。”

第三种观点则是以自助保险卡为例，针对电子保单，提出预约说。预约说认为，卡式业务也属于网络保险。保险卡的买卖属于预约，即当事人约定将来签订保险合同。而当持卡人通过网络输入个人身份信息，保险人核保后就实现了对自助保险卡的激活，视为履行

---

① 贾林青．互联网金融对保险合同制度适用的影响［J］．保险研究，2014，（11）：119-127.

完预约的行为，完成保险合同的签订。银保监局刘学生认为："卡式保险交易实际上是为了签订保险合同而订立的预约合同，购卡人支付费用购买保险卡，即为有意向于将来投保，也意味着保险人有义务审查承保。出于诚实守信为了寻求订立保险合同，双方都受到预约合同效力的约束。"张秀全教授认为："投保人缴费购买保险卡是预约，进行网上激活流程，保险人审核后生成的电子保单就是本约。购买自助保险卡的过程属于买卖合同，保险人收取保费为承诺，承诺生效是保险合同成立，当保险合同签订完毕时，保险合同生效。"① 以上观点虽然存在一定分歧，但都一致认为，认定网络保险合同的成立和生效时间点的根本在于，厘清要约与承诺的时间，须重新确立认定标准。

以上学说均具有独特的视角并能达成自身逻辑自洽。但是，认定《合同法》中的要约与承诺如何适用于互联网保险合同，需要回归准据法的基础，充分理解各法律名词之外延方可准确适用。根据《合同法》的相关规定，"合同是两个或两个以上的人就某一特定事项作为或不作为的有约束力的协议"，强调"双方达成合意"。这意味着要约和承诺以及双方达成合意是合同成立的前提。

基于此，互联网保险合同的成立及生效时间应采用"承诺说"来确定。即保险公司事先向不特定公众提供的含有格式条款之保险产品页面，因满足要约各要素而视为要约，投保人按照保险公司设计的网上投保流程进行操作并提出投保请求缴纳保费，做出的投保行为视为承诺。投保单一经提交进入保险人指定系统，保险人收取保费表明同意承保，承诺即生效。此时，保险合同成立并生效，合同双方对生效时间另有约定的依约定。

首先，保险人在网络平台上展示的各保险产品应视作要约，而不是要约邀请。我们再来深入回顾，保险人在网络平台上列举的险种，产品详情上标明了保险名称、承保范围、保障计划与条款、售后与理赔。以某款保险产品为例，进入投保流程时，保险人提供了若干可选项，包括"年龄范围""性别""有无社保""有无吸烟史"，投保人按照自身情况选定对应选项组合后，网页会生成相应的保费金额，且依照大数法则，不同个体情况的保费是存在差异化的。《合同法》第十五条第二款规定："商业广告的内容符合要约规定的，视为要约。"可见保险人所提供的互联网保险产品页面包含主体、价格、义务等将来可能签订合同的重要内容，满足了要约的基本构成要素。而投保人在网络上填写个人信息并缴纳保费的行为则是承诺。仍以某款互联网保险产品为例，在点进该产品的网页链接时就有弹窗提示投保人已进入投保流程，填写完投保人及被保险人的个人身份信息后，就进入缴费页面，支付完成就意味着投保成功。由于填写个人信息和缴费是接续的，所以这里不应再区分，故笔者认为应杂糅这两个步骤为一，并视作承诺行为。依照《民法典》第四百八

① 张娜，邢嘉栋．探讨电子保单中的热点及疑难问题［N］．人民法院报，2012-07-18（007）．

十三条“承诺生效时合同成立，但是法律另有规定或者当事人另有约定的除外”，此时互联网保险合同成立。支付完成后进入电子保单页面显示保险期间为从缴费当日的零时起算，下方的名词解释说明“保险期间：本合同的有效期间”。由此可见，该网络保险契约一经订立即立即生效。通常，在合同生效的时间，可以按照双方约定的时间来确定；如果没有，则以合同的成立时间为准，也就是保险人同意承保的时间。

（二）建立反馈机制，确认合同送达

保险合同是非要式合同、诺成合同，这意味着只要双方达成合意即可生效，但当事人另有约定的除外。例如，保险双方当事人达成协议，仅在支付首次保险费或签发保单时生效，此时保险合同成立未生效，只有满足约定条件时才发生法律效力。《民法典》第五百零二条规定：“依法成立的保险合同，自成立时生效，但是法律另有规定或者双方当事人另有约定的除外。”《保险法》第十三条规定：“依法成立的保险合同，自成立时生效。投保人和保险人可以对合同的效力约定附条件或者附期限。”实质上，《保险法》中所规定的附条件生效或附期限生效情形与《民法典》第五百零二条规定的双方当事人另有约定的情形是同理的。基于上述法律规定，笔者认为对于一些短期互联网保险产品可考虑增加设置投保人反馈机制以确认合同的送达。例如，对于网页投保的，可以要求投保人留存电子邮箱。

互联网的数据发送有赖于资讯系统和网络操作者，若因网络出现故障，造成不能做出意思表示的传达，将会对承诺的送达时间及互联网保险合同生效时间产生影响。有观点认为，对网络保险发出要约的承诺无须通知，应以保险人承保完成并于保单上签字盖章的时间作为承诺的时间点。保险合同的成立时间为保险人在投保单上签字盖章的时间。但是如果保险公司的系统出现问题，即使保险人同意承保，由于系统故障其无法发送同意承保的意思表示，但是，如果按照“到达有效”理论来判定合同是否成立，则不合适。保险人已将同意承保的数据电文发送给投保人，但因保险公司自身或网络运营者的系统发生故障而无法接受或延误接受承保确认，该保险合同的生效日期应当从保险人同意承保之日起算起。在系统或网络出现故障时，如果保险人没有指明具体的承保时间，则应当按照“发送有效”原则来决定保险合同的成立时间，也就是将投保人的“确认发送承诺”的操作指示或者保险人的数据信息输入到对方的信息系统中的时间作为该承诺的生效时刻。

（三）确立投保人要约撤销规则

我国现行法律对网上保险合同的要约与承诺未做专门规定，根据《民法典》合同编及《保险法》中有关传统保险合同条款的规定，即投保人提出投保，保险人同意承保，双方就保险条款达成一致，则保险合同成立。相对于传统的线下保险，互联网保险信息传输的

方式改变，使得当事人做出的意思表示，通常情况下即刻即可到达对方当事人的信息系统。投保人一旦点击互联网保险页面的投保申请，该请求即到达保险人信息系统，如发生误触等情形，难以反悔。

为了更好地实现交易对价均衡，健全保险法制，我国应当建立网络保险合同中的要约撤销制度。要约撤销是一种法律效力发生变动的意思表示，即在一份要约生效之后，该份要约的效力被解除。由于要约的撤销是在要约生效之后进行的，因而通常对受要约人不利，为了平衡双方的权利和义务，法律在规定满足某些限制条件时允许撤销要约。《民法典》第四百七十五条对要约的撤销做出了规定，第四百七十六条对不能撤销的情形做出了规定，因此，在我国，要约可以撤销，撤销必须在受要约人表达承诺意向之前到达受要约人。但是，如果要约人设定了承诺时限或以其他方式明确表示要约是不可撤销的，或者要约人有理由相信要约是不可撤销的，则不得撤销要约。

对于撤销要约，普通法系通常规定要约人在收到对方的承诺前，可以撤销要约，即便该要约已生效。对于已生效的要约，大陆法则不赞成撤销，并认为只能在出现瑕疵时予以撤销。《联合国国际货物销售合同公约》和《国际商事合同通则》在平衡两大法系的不同之处时，提出了可以对要约的撤销，并对其进行了限定。对于电子要约的撤销，学术界众说纷纭，有人主张，应采用《联合国国际货物销售合同公约》中的电子要约撤销原则，特别是在受要约人发出承诺的通知前，可以取消该电子要约。另一种意见则是，从法律条文的连贯性和严谨性来看，应承认要约是可以被撤销的。

另外，在赋权理论的角度上，笔者认为，无论是否存在解除要约的可能性，法律上都应当给予其撤销要约的权利。网络保险合同本身也是一种合同，只不过要约的形式发生了改变，但在传统保险合同中当事人享有的权利，电子合同的当事人也应该享有，这是赋权问题，至于享有权利后能否实现其权利则是行使权利的问题。从法学的基础理论来看，无论该权利最终能否得以实现，都应当以赋权论为基础而首先给予当事人撤销的权利。

因此，我国应当建立确认网络保险合同中的要约撤销制度，以保护消费者的合法利益。例如，对于涉及财产标的金额较大或涉及人身权利的网络保险合同，应设定一定的等待期，经过等待期后保险公司才能做出承诺。在这段时间里，投保人可以撤销；但如果超过等待期，则无法撤销。新的商业模式将不可避免地对《民法典》和《保险法》提出新的要求，这也将对相关制度规则的解构和应用产生影响。有鉴于此，为了满足新形势下保险业发展的需要，必须尽快弥补法律上的漏洞，保持保险业健康、全面、有序的发展。互联网保险合同的产生是为了适应快速发展和追求效率的社会需要，但在追求效率的同时，也不能因为网络保险合同的订立而损害投保人的权益。所以，建立投保人的要约撤销制度是十分必要的，这对网络保险合同中的消费者权益保护具有十分重要的意义。

第五章 金融担保法律制度与实务研究

第一节　金融担保法律制度概述

一、担保的概念

现代汉语中的“担保”一词，经常在不同的场合使用，如表示对某种后果的承诺、决定等。但这些“担保”均不含有法律上的意义。《担保法》中所称的“担保”是指法律规定的或者当事人约定的，以第三人的信用或者在特定财产上设定的权利来确保特定债权人债权实现为目的的法律制度。担保包括了人的担保和物的担保。人的担保是指以人的资产和信誉为他人的债务提供的担保，其实质是债的担保扩张到第三人的财产上，使债权人受偿的机会增多。物的担保是指以某一特定财产为自己或者他人的债务提供的担保，其实质是债权人未受清偿时，得以对该担保财产的变价金额享有优先受偿权。

担保的这一概念具有以下几方面含义。

①担保是产生于平等民事主体之间的一种民事法律行为。债的担保从属于债，它与债一样，同属于民事法律行为，受民法的规范和调整。因此，债的担保行为的产生必须符合民法的规定，具备民事法律行为的基本要件和特征。在债的担保法律关系中各方当事人的法律地位一律平等，享受的权利和承担的义务对等，任何一方当事人都不享有任何特权。

②担保是以第三人的信用或者特定财产来保障债权人债权实现的制度。债作为一种信用关系，是以债务人的信用为基础的。也就是说，债务人须以自己的全部财产担保其所有债权人的债权的实现，债务人的全部财产是其清偿全部债务的责任财产。而债的担保却是以第三人的信用或者特定财产担保特定债权实现的。因此，在担保中，不仅以债务人的信

用，而且或者以第三人的信用，或者以第三人或债务人的特定财产，作为特定债权实现的保证。在债的担保中，用于担保的标的不能是债务人的一般财产，所担保的债权也不能是债务人应清偿的全部债权。凡是以债务人的一般财产担保债务人的全部一般债权清偿的，均不属于债的担保。

③担保行为产生的依据是法律规定或当事人的约定。《中华人民共和国担保法》（以下简称《担保法》）规定的五种担保方式中，留置由法律直接规定产生，故称为法定担保，其余四种即保证、质押、抵押、定金均由当事人依法约定产生，故称为约定担保。法定担保直接体现国家的意志，约定担保虽由当事人约定，但其约定不得违背法律。

④设立担保的目的在于确保债权的实现。这一目的在《担保法》的立法宗旨里有充分说明。在约定担保的情况下，设立担保是债权人为了弥补一般担保的不足，为保全自己的债权而要求采取的特别担保措施，以防止债务人届期不履行债务、不完全履行债务或不适当履行债务给其债权造成损害。债务人同意提供担保，其直接目的是通过提供担保向债权人表示自己履行债务的诚意，取得债权人的信任，以达到设立和维护债的关系、融通资金或物资的目的。

二、担保的种类

（一）人的担保和物的担保

人的担保，也称信用担保，是以第三人的信用做保证，担保债务人履行债务；债务人不履行债务时，则由担保人负责清偿。其典型形态是保证。这种担保方式实质上是把履行债务的主体及其财产范围，由债务人扩张至第三人。在债务人的全部财产之外，又附加其他第三人的全部财产，作为债权实现的总担保，以增加债权人受偿的机会。人的担保是基于人身信任而发生的，它赋予债权人请求权，即在债务人不履行时，债权人可以向保证人请求履行。

人的担保的形式虽为保证，但其情形也比较复杂，既有一般法上的保证担保，又有特别法中的票据保证、信用证担保等。

物的担保，也称财产担保，是指债务人或第三人以其自身的特定财产作为债务履行的保障。如果债务人不履行其债务，债权人可以通过处分用于担保的财产优先得到清偿。由于特定财产成为担保财产后，财产的所有人对其权利的行使就会受到限制。所以，这种物的担保的实质是让担保财产退出交易领域，或在交易领域使财产权利受到限制，使债权人不必担心因债务人债务的增加而使债权不能受清偿，从而保障债权的实现。

物的担保的主要方式有抵押、质押、留置等。这些担保方式在性质上具有一致性，在物权法理论上又称为担保物权。

（二）约定担保和法定担保

约定担保是指完全由当事人双方自行约定的担保，是当事人自愿设定的担保。约定担保从担保的方式、担保的条件、担保的范围以至于到担保权的行使等全可由当事人自行约定。约定担保最常见、最主要的担保方式有保证、抵押、质押、定金等。自愿原则为担保法的一项基本原则，担保原则上应由当事人自愿约定，所以，约定担保为担保的主要形态。

法定担保是法律为特别保护某种债权而直接规定设定的担保。法定担保包括两种情形：一是法律直接对某些特别的债权规定的担保，如优先权；二是法律对担保成立的条件直接做了规定，而不能由当事人约定的担保，如留置权。前一种法定担保既不是由当事人自行约定的，也不能由当事人排斥其适用；后一种法定担保，虽然不允许当事人自行约定，但却允许当事人事先约定排斥其适用。

（三）典型担保与非典型担保

典型担保是指在法律中已明确规定的担保方式。如我国的《民法通则》《担保法》和《海商法》等法律中规定的保证、抵押、质押、留置、定金和优先权等都为典型的担保形式。

非典型担保是指虽具有担保的作用，但法律尚未明确规定其为担保的方式。如权利移转型的担保，虽然在实际生活中也有较广泛的适用，但法律未明文规定为债的担保方式，因此，不具有担保的典型性，即属于非典型担保。又如违约金，这是合同当事人双方经常使用的担保合同履行的重要方式。但违约金的有关条款仅是合同内容的组成部分，并不构成独立的担保行为，法律也未明确规定违约金为债权的担保方式，所以它也属于非典型担保。

三、担保的意义

我国《担保法》第一条说：“为促进资金融通和商品流通，保障债权的实现，发展社会主义市场经济，制定本法。”这既是我国担保法的立法宗旨，又是对担保制度意义的高度概括。从金融法的角度而言，担保的意义主要体现在以下几个方面。

（一）担保可以保障债权的实现

债的担保是保障债权的特殊措施。因为民事责任制度也好，债的保全制度也好，虽都有保证债权人利益的功能，但不能确保特定债权人债权的实现。唯有债的担保制度才能或打破债权人从债务人财产平等受偿的原则，或扩大债务人承担责任的财产范围，从而使债权的效力得以加强，使特定债权的实现得到可靠的保障。

（二）担保有利于促进资金融通

融通资金是社会经济活动的重要组成部分，在现代市场经济条件下，商品的生产和经营需要大量的资金，这些资金融通的大部分是通过借贷完成的。无论是银行借贷，还是一般借贷，保障债权最终实现的担保不可缺少。而且现代担保制度已从单纯的债权保全手段向融资手段发展，如作为新的担保方式的最高额抵押、按揭贷款等均是融资的方式之一。可以说，担保已不仅仅是债权实现的保障，同时也成为债务人融资的一种有效途径。

（三）担保有利于促进和发展社会主义市场经济

如前所述，担保有利于保障债权的实现，保障交易的安全，有助于维护正常的市场经济秩序；担保制度为交易当事人提供了信用保障，促进交易进行，而交易的发达正是市场经济发展的表现。同时，担保还为最大限度地发挥物的效用创造了有利的机制。这主要体现在物的担保制度上。物的担保，尤其是抵押担保，既可以体现物的价值，又可以发挥物的使用价值，从而使当事人得以充分发挥其财产的效用。从这一意义上说，担保制度是促进社会主义市场经济发展的有效工具。

四、担保无效及其法律后果

担保无效即担保合同无效，是指担保合同不能发生担保的法律效力，在当事人之间不能产生因担保合同而发生的权利和义务。但担保合同无效后，并非当事人之间不发生任何法律后果，只不过是发生法律规定的而非当事人预期的法律后果而已。

因担保合同与被担保的主合同形成主从关系，从合同的效力决定于主合同的效力，因而担保合同的无效及其后果包括以下两种情况。

（一）担保合同因主合同无效而无效

《担保法》第五条第一款规定：“担保合同是主合同的从合同，主合同无效，担保合同无效。担保合同另有约定的，按照约定。”担保合同的主合同无效，被担保的主债权也就不能有效存在，而担保合同是以担保主债权为目的的，因此，在主债权不能有效存在时，担保合同当然也就无效。

主合同无效时担保合同无效，担保合同当事人间不能发生担保合同中约定的担保主债权实现的权利和义务。但是，主合同无效时，在主合同的当事人双方之间虽不能发生主合同中约定的债权债务，却会发生因合同无效而产生的权利和义务。因此，担保合同当事人双方也可以约定在主合同无效时担保人就债务人对因主合同无效而发生的债务的履行承担担保责任。担保合同如有此约定时，在主合同无效时，担保合同并非全部无效，因为担保人在主合同无效时仍应承担担保责任。但是，在主合同无效时，担保人依其约定承担的担保责任与主合同有效时担保人应承担的担保责任在性质和范围上都是不同的。这种情况，实际上是在一个担保合同中约定了担保人的两种担保责任，即对主债权的担保责任和对主合同无效时债权人一方因合同无效发生的债权的担保责任。因此，所谓主合同无效时担保合同并非全部无效，乃是指担保合同中对主合同债权的担保约定无效，而对合同无效时承担担保责任的内容有效。然而，必须特别指出，《担保法》规定“担保合同另有约定的，按照约定”，如果担保合同双方并无另外的约定，则主合同无效时，担保合同则全部无效。

（二）担保合同因自身不符合合同的有效条件而无效

担保合同不符合合同的有效条件，即使主合同有效，担保合同也是无效的。担保合同无效，自然不能发生与合同有效时同样的法律后果。担保合同有效，当事人之间会发生担保的权利和义务，而担保合同无效，则在当事人之间不能发生担保的法律后果，担保人也就不承担依担保合同而约定的担保责任。但是，在担保合同被确认无效后，担保人不依担保合同的约定承担担保责任，并不意味着担保人不承担任何法律责任。因为担保合同无效后，会发生无效合同的法律后果。按照合同法的一般原理，在合同无效时有过错的一方，应当赔偿因合同无效而使对方造成的损失。《担保法》第五条第二款规定：“担保合同被确认无效后，债务人、担保人、债权人有过错的，应当根据其过错各自承担相应的民事责任。”依此规定，担保合同被确认无效的，不仅担保合同的双方即债权人与担保人，而且债务人也包括在内，只要其对订立无效合同有过错，就应依其过错程度承担相应的民事责任；只要其没有过错，则不承担任何责任。

第二节　金融担保下的保证

一、保证的概念和保证人资格

（一）保证的概念

《担保法》第六条规定："本法所称保证，是指保证人和债权人约定，当债务人不履行债务时，保证人按照约定履行债务或者承担责任的行为。"根据法律关于保证概念的这一规定，保证具有以下含义。

1. 保证是一种双方的民事法律行为

民事法律行为是以发生民事法律后果为目的，以意思表示为要素的行为，双方的法律行为须有当事人双方的意思表示一致才能成立。保证既然由债权人与保证人双方约定，并发生民事法律后果，因而是一种双方的法律行为。保证须由债权人与保证人双方的意思表示一致才可成立。凡仅由一方的意思表示即可成立的保证不为民法上的保证。例如，票据法上的保证，仅由保证人一方的意思表示即可成立，则属于商事法上的特别保证，而不属于民法上的保证。

2. 保证是担保债务人履行债务的行为

保证是双方约定由保证人担保债务人履行债务的，所以保证人只能是债务人以外的第三人，也就是说被保证人只能是保证当事人以外的人。保证人与被担保履行债务的债务人不能是一个人，因此，凡对自己的行为所做的保证，都不属于担保法上的保证。担保债务人履行债务是保证行为的目的，不以担保债务人履行债务为目的的保证，则不属于担保法上的保证。例如，行政法上的保证，刑事法上的保证，都不以担保债务人履行债务为目的，自然不属于这里所说的保证。

3. 保证是约定于债务人不履行债务时由保证人承担保证责任的行为

保证担保是在债务人不履行债务时，由保证人依约定履行债务或者承担责任。保证人的这一义务也是保证人在保证之债中的债务，也就是保证人的保证责任。保证人的保证债务以债务人不履行债务为生效要件。因此，凡不能发生保证债务，不是在债务人不履行债务时才负担保证债务的保证，也不是担保法上的保证。

（二）保证人资格

保证人，就是按照保证合同，在保证关系中承担保证义务的人。我国《担保法》第七条规定："具有代为清偿债务能力的法人，其他组织或者公民，可以作保证人。"因此，保证人可以是法人、公民，也可以是其他组织，但以上主体要成为担保关系中的保证人还须具备一定的条件。这也就是所谓的保证人资格问题。一般来讲，保证人资格就是指保证人的行为能力和清偿债务的能力。

关于保证人资格问题，我国《担保法》仅规定保证人应具有代为清偿债务能力，对是否应具有行为能力，法律未做出明确规定。本书认为，保证人为保证合同的当事人，应当具有行为能力。因此，保证人的资格应体现在以下两个方面。

①保证人须具有担任保证人的民事行为能力。因为保证合同为一种民事法律行为，行为人当然需要具备相应的民事行为能力。又因为保证合同为单纯的无偿合同，保证人仅负担义务而不享有权利，因此，就自然人来说，只有具有完全民事行为能力者才可担任保证人，无完全民事行为能力人不能订立保证合同。

法人和其他组织担任保证人的，也须具备相应的民事行为能力。因为保证的后果是保证人要以自己的财产为被保证人偿债，所以未核准登记经营保证业务的法人不应具备为他人担保的民事行为能力。当然，这有待于我国立法给予明确规定。

另外，我国法律规定，国家机关不得为保证人，但经国务院批准为使用外国政府或者国际组织贷款进行转贷的除外。学校、幼儿园、医院等以公益为目的的事业单位、社会团体不得为保证人。企业法人的分支机构、职能部门不得为保证人，但企业法人的分支机构有法人书面授权的，可以在授权范围内提供保证。

②保证人应有代偿能力。保证人负有保证责任，在债务人不履行债务时，保证人应以自己的财产代债务人清偿债务，因此，只有保证人具有代偿能力，保证才能真正起到担保的作用。保证人不具有代偿能力的保证，对于债权人来说是没有意义的。因此，没有代偿能力的人不应为保证人。

二、保证合同和保证方式

（一）保证合同

1. 保证合同的当事人

《担保法》第十三条规定："保证人与债权人应当以书面形式订立保证合同。"因此保证合同的当事人双方为债权人与保证人。

①债权人。保证合同的债权人为主债的债权人。在一般情况下，保证所担保的主债权为合同债权，因而保证合同的债权人一般即为主合同的债权人。但是，对于非合同之债权也可以设定保证担保，在此情况下，保证合同的债权人只须为主债权的债权人即可，而不以主债权为合同债权为条件。

因保证合同为无偿合同，保证合同的债权人是纯受利益的，所以，保证合同的债权人无须为完全民事行为能力人。无完全民事行为能力人只要有主债权，其订立的保证合同也可以有效。

②保证人。保证人是保证合同的债务人，是担保主债务人履行债务的担保人。如前所述，保证人可以是法人、公民，也可以是其他组织，同时保证人还必须具备相应的条件和资格。

2. 保证合同的标的

关于保证合同的标的，有不同的看法。有人认为，保证合同的标的是保证行为；有的人认为保证合同的标的为保证人承担的保证债务。大部分学者持后一种观点。任何合同的标的都必须明确、确定，保证合同也不能例外。因此，保证合同只有在保证人承担保证债务上双方的意思表示一致，才能成立。如仅有一方由保证人承担保证债务的意思表示，则保证合同不能成立。

3. 保证合同的形式和内容

保证合同的形式，是当事人双方表示其成立保证债务的一致意思的表达方式。我国《担保法》第十三条规定："保证人与债权人应当以书面形式订立保证合同。"依此规定，保证合同应采用书面形式。

保证合同的内容，也就是保证合同条款。我国《担保法》第十五条规定："保证合同应当包括以下内容：①被保证的主债权种类、数额；②债务人履行债务的期限；③保证的方式；④保证担保的范围；⑤保证的期间；⑥双方认为需要约定的其他事项。保证合同不完全具备前款规定内容的，可以补正。"保证合同的内容是确定保证当事人双方权利和义务的依据，因此，合同的内容应当完全、具体、明确，以避免双方发生歧义。但《担保法》第十五条中规定的保证合同的内容并不是保证合同的必要条款，即使合同中不完全包括前述的内容，保证合同也仍然可以有效成立，于合同订立后，双方可以就有关内容予以补正。但是，任何保证合同都须有被担保的债权的有关内容，无被担保的主债权条款的保证合同不能有效成立。

（二）保证方式

保证方式是保证人承担保证责任的方式。根据《担保法》第十六条规定，保证方式有一般保证和连带责任保证两种。

1. 一般保证

一般保证是指保证人仅对债务人不履行债务负补充责任的保证。《担保法》第十七条第一、二款规定："当事人在保证合同中约定，债务人不能履行债务时，由保证人承担保证责任的，为一般保证。""一般保证的保证人在主合同纠纷未经审判或者仲裁，并就主债务人财产依法强制执行仍不能履行债务前，对债权人可以拒绝承担保证责任。"因此，在一般保证中，保证人享有先诉抗辩权，仅在债务人的财产不足以完全清偿债权即不能履行债务的情况下，才负担保责任。也就是说，一般保证的保证人在一般情况下仅在债务人财产不能完全清偿债权时才对不能清偿的部分负担保责任。一般保证的债权人只有在主债权纠纷经过审判或者仲裁，并就主债务人的财产强制执行而仍不足以受偿时，才得请求保证人履行保证债务。否则，保证人可以拒绝承担保证责任。所以，在一般情况下，一般保证的债权人请求保证人承担保证责任的，不仅须证明债务人不履行债务的事实，而且须证明已就主债务的财产依法强制执行后仍不能完全受偿。

2. 连带责任保证

连带责任保证是指保证人在债务人不履行债务时与债务人负连带责任的保证。《担保法》第十八条第一、二款规定："当事人在保证合同中约定保证人与债务人对债务承担连带责任的，为连带责任保证。""连带责任保证的债务人在主合同规定的债务履行期届满没有履行债务的，债权人可以要求债务人履行债务，也可以要求保证人在其保证范围内承担保证责任。"因此，在连带责任保证中，保证人并不享有先诉抗辩权，只要有债务人履行期届满不履行债务的事实，保证人的保证责任即发生效力。连带责任保证的债权人请求保证人承担保证责任的，只须证明有债务人届期不履行债务的事实即可，而不论债权人是否就债务人的财产已强制执行。

保证人承担何种方式的保证，由当事人在保证合同中约定。当事人对保证方式没有约定或者约定不明确的，按照连带责任保证承担保证责任。

三、保证责任

保证责任又称为保证债务或保证义务，是指保证人依照保证合同约定，在主债务人不履行债务时，向债权人承担的代主债务人履行债务或者赔偿损失的义务。

（一）保证责任的内容

保证责任的内容是指保证人承担的保证债务的内容。根据《担保法》第六条规定，保证人保证责任的内容，依当事人的约定分为两种。

1. 代为履行责任

代为履行责任是指保证人于主债务人不履行债务时，代替主债务人之地位，以主债务人原有的给付内容为内容，向债权人履行主债务人之债务。由于原有债务内容的履行主体在此情形下由债务人变更为保证人，所以，必然要求原有债务不具有专属性，比如金钱给付债务、一般种类物给付之债务。如若原债务为专属性之债务，如表演者因合同所负的债务，或者其他提供特种劳务和服务的债务。因其与主债务人的人身不可分离，事实上不可能由他人代为履行，故此种债务之保证人，不可能承担代为履行之保证责任。此外，虽然债务在性质上本身并不具有专属性，原则上可以由他人代为履行，但仍应具体考虑保证人对此债务是否具有实际履行能力。

2. 损害赔偿责任

损害赔偿责任是指主债务在事实上没有履行，而且也不可能获准履行，或者等待债务人或保证人履行对债权人极为不利时，由保证人承担因不履行债务给债权人所造成的损害赔偿责任。由此看来，损害赔偿之保证责任，会因下述事实而发生：①当主债务的给付内容具有专属性时，债务人届期未履行债务，而债权人又不可能要求保证人代为履行，对债权人所造成的损害，由保证人进行赔偿；②主债务之给付内容虽不具备专属性，债务人届期未履行债务且保证人事实上不可能代为履行时，对债权人所造成的损害，由保证人进行赔偿；③无论主债务之给付内容是否具备专属性，只要于债务期限届至时并未履行，且债权人若等待其按原债务之给付内容为给付将导致重大不利时，原债务转换为损害赔偿债务，保证人对此应进行损害赔偿。

（二）保证责任的范围

保证责任的范围，即保证担保的范围，也就是保证人承担的保证债务的范围。是指依法律规定或依当事人约定，保证人在多大程度或何种界线内承担保证责任。关于保证责任的范围有有限保证和无限保证两种。

1. 有限保证

有限保证是指保证人仅在约定的限度内承担保证责任，即当事人在保证合同中明确约定了保证债务范围的保证。因保证债务独立于主债务，因而当事人可以约定保证债务的范围。但当事人约定的保证债务不得大于或强于主债务。当事人对保证责任的范围有明确约定，保证人仅在约定的限度内负保证责任，对超出约定范围的债务，保证人不负保证责任。

2. 无限保证

无限保证是指保证合同没有约定保证责任范围或者约定的保证责任范围不明确，保证人依照法律的规定对主债务及其从债务的全部承担保证责任的保证。保证责任除合同另有约定外，包含主债务及主债务的利息、违约金、损害赔偿金及其他从属于主债务的负担。

第三节　金融担保下的抵押与质押

一、抵押

（一）抵押的概念和抵押物

1. 抵押的概念

根据我国《担保法》第三十三条的规定，抵押是指债务人或者第三人不转移对抵押财产的占有，将该财产作为债权的担保。在债务人不履行债务时，债权人有权依法以该财产折价或者以拍卖、变卖该财产的价款优先受偿。其中债务人或第三人为抵押人，债权人为抵押权人，提供担保的财产为抵押物。

抵押的概念包含了以下几层含义。

①提供抵押担保的人可以是主债务人或第三人。当主债务人与债权人达成抵押合同将某项财产做抵押时，主债务人即为抵押人。但可以设立抵押的人不限于债务人本人，任何第三人只要符合法律规定的条件也可以设立抵押。第三人与债权人达成的抵押合同以特定财产为其债权提供担保时，第三人即为抵押人。

②不转移抵押财产的占有。抵押的发生不以占有标的物为要件，抵押人无须将标的物交付抵押权人占有。是否转移用于债权担保的标的物的占有，这是抵押与质押的主要区别。抵押权由于不转移标的物的占有，因此也就不能以占有来公示标的物上的抵押权的存在，而只能通过其他方式公示。抵押权的登记能够确保抵押权权利之存在，并有助于防止损害第三人的利益。抵押由于不转移抵押物的占有，抵押人可以使用、收益、处分抵押

物，从而使抵押物的使用价值得以充分发挥。

③抵押担保以抵押权人（债权人）行使优先受偿权而实现。优先受偿权是抵押权的核心。其优先受偿性表现在：一是享有抵押权的债权人，对抵押标的物的变价款有优先于无抵押权的债权而受偿的权利；二是在同一标的物上存在数个抵押权的，发生在先的抵押权优于发生在后的抵押权就标的物受偿。优先受偿是抵押权发挥担保作用的本质特征，保障抵押权人的债权的实现。

④抵押权的行使必须以债务人不履行债务为前提。抵押权在担保过程中仅为一种可能性权利，这种可能性必须以债务人到期不履行债务为其发生的先决条件。若抵押担保的债权到期得到完全清偿，则抵押权自行消灭，抵押权人不得再行使抵押权。

2. 抵押物

抵押物是指债务人或者第三人，为债权人提供抵押担保的财产。抵押物一般是经特定化的具有变现价值的、可以担保债权人实现债权的物。各国立法一般都承认抵押物既包括动产也包括不动产，我国的《担保法》也不例外，既承认不动产抵押，也承认动产抵押。

（1）作为抵押物的财产应具备的条件

根据抵押制度的要求，作为抵押物的财产应当具备以下条件：①抵押物必须是抵押人有权处分的财产；②抵押物必须是法律允许转让的财产；③抵押物价值应与所担保的债权的金额一致；④抵押物必须是便于管理和实施的财产；⑤抵押物须为设定人对其使用收益而并不会损毁其本来的财产价值及其形态的财产，即抵押物应为非消耗物。

（2）抵押物的范围

我国《担保法》采取了法定主义原则，以列举的方式规定了可以作为抵押物的财产。

《担保法》第三十四条规定，下列财产可以抵押：①抵押人所有的房屋和其他地上定着物；②抵押人所有的机器、交通运输工具和其他财产；③抵押人有权处分的国有的土地使用权、房屋和其他地上定着物；④抵押人有权处分的国有的机器、交通运输工具和其他财产；⑤抵押人依法承包并经发包方同意抵押的荒山、荒沟、荒丘、荒滩等荒地的土地使用权；⑥依法可以抵押的其他财产。

《担保法》第三十七条规定，下列财产不得抵押：①土地所有权；②耕地、宅基地、自留地、自留山等集体所有的土地使用权，但法律另有规定的除外；③学校、幼儿园、医院等以公益为目的的事业单位、社会团体的教育设施、医疗卫生设施和其他社会公益设施；④所有权、使用权不明或者有争议的财产；⑤依法被查封、扣押、监管的财产；⑥依法不得抵押的其他财产。

（二）抵押合同和抵押物登记

1. 抵押合同

《担保法》第三十八条规定："抵押人和抵押权人应当以书面形式订立抵押合同。"抵押合同也就是抵押人与抵押权人设定抵押权的合意。因为抵押权一般是由当事人自愿设定的，所以，抵押合同的订立一般是抵押权成立的必要条件。

（1）抵押合同的当事人

抵押合同的当事人也即抵押关系的当事人，为抵押人和抵押权人。

①抵押人。抵押人是提供财产作为债权担保的一方当事人，作为抵押合同的一方又称为设抵人。抵押人可以是债务人，也可以是第三人。但抵押人须具备两个条件：一是抵押人须有完全民事行为能力；二是抵押人须对抵押财产有处分权。

②抵押权人。抵押权人须为抵押权所担保的主债权的债权人，非主债权人不能成为抵押权人。因为抵押权人在抵押关系中是绝对受益之人，所以，只要享有主债权，无完全民事行为能力人也可以成为抵押权人。

（2）抵押合同的内容

抵押合同的内容是指抵押权人和抵押人在订立抵押合同时，用以确定双方权利和义务的各项条款。根据《担保法》第三十九条的规定，抵押合同应当包括以下内容：①被担保的主债权种类、数额；②债务人履行债务的期限；③抵押物的名称、数量、质量、状况、所在地、所有权权属或者使用权权属；④抵押担保的范围；⑤当事人认为需要约定的其他事项。

根据《担保法》第三十九条第二款规定："抵押合同不完全具备前款规定内容的，可以补正。"因此，抵押合同虽不完全具备前述五项内容或者约定不明确的，当事人可以协商予以补充，抵押合同并不因此而无效。

2. 抵押物登记

抵押物登记，是指由有关主管机关依法在登记簿上就抵押物上的抵押权状态予以记载。民法理论认为，物权的产生应遵循公示原则，物权公示的方法有交付和登记两种。就抵押权而言，由于不转移抵押物占有，因而不能以交付方式为公示，而只能采取登记形式。抵押物登记是抵押权获得公信力的必要途径，它对于维护交易安全、充分发挥抵押的担保功能、保护第三人利益、避免纠纷发生，都具有非常重要的意义。

（1）抵押物登记的效力

关于抵押物登记的效力，各国立法上大体有两种立法例。其一是采取登记生效主义，不经登记的抵押权不生效。其二是登记对抗主义，不经登记的抵押权可以生效，但不能对抗第三人。

我国《担保法》在抵押物登记的法律效力方面折中了以上两种立法思想。对特定的抵押财产采取登记生效主义，而对其他抵押财产则采取登记对抗主义。根据《担保法》第四十一条、第四十二条的规定，以下列财产抵押的，应当办理抵押物登记：①无地上定着物的土地使用权；②城市房地产或乡（镇）、村企业的厂房等建筑物；③林木；④航空器、船舶、车辆；⑤企业的设备和其他动产。以上述五类财产抵押的，抵押合同自登记之日起生效。《担保法》第四十三条规定，当事人以上述五类财产之外的其他财产抵押的，可以自愿办理抵押物登记，抵押合同自签订之日起生效。当事人未办理抵押物登记的，不得对抗第三人。

（2）抵押物登记的机关

根据《担保法》第四十二条的规定，抵押物登记机关分别是：①以无地上定着物的土地使用权抵押的，为核发土地使用权证书的土地管理部门；②以城市房地产或者乡（镇）、村企业的厂房等建筑物抵押的，为县级以上地方人民政府规定的部门；③以林木抵押的，为县级以上林木主管部门；④以航空器、船舶、车辆抵押的，为运输工具的登记部门；⑤以企业的设备和其他动产抵押的，为财产所在地的工商行政管理部门。

另外，在自愿登记情况下，抵押合同当事人认为需要登记的，应当到抵押人所在地的公证部门进行登记。

（三）抵押权的效力和抵押权的实现

1. 抵押权的效力

抵押权的效力，是指抵押权所产生的法律后果。抵押权产生后会在多方面产生影响，涉及所担保的债权的范围，抵押权所涉及的抵押物的范围、抵押人的权利和义务、抵押权人的权利和义务等，有时还会涉及第三人的权利和义务。下面就几个主要方面加以说明。

（1）抵押权所担保的债权的范围

抵押权所担保的债权的范围，实际上也就是抵押权人得以从抵押物的变价中优先受偿的范围。《担保法》第四十六条规定："抵押担保的范围包括主债权及利息、违约金、损害赔偿金和实现抵押权的费用。抵押合同另有约定的，按照约定。"依此规定，抵押权所担保的债权范围，应依抵押人与抵押权人双方的约定来定。当事人双方在抵押合同中未约定或者约定不明确的，抵押权所担保的债权包括主债权及利息、违约金、损害赔偿金和实现抵押权的费用。

（2）押权效力及于标的物的范围

抵押权效力及于标的物的范围，是指抵押权人于实现抵押权时得依法予以变价的标的物的范围。因此，抵押权效力及于标的物的范围不同于抵押权的标的物即抵押物。抵押物为抵押权设定时抵押人用于抵押的物，又称为抵押原物。抵押物应于抵押权登记中注明，并且抵押物的状况也是抵押合同中应具有的内容。抵押物既为设定抵押权的财产，当然为抵押权的效力所及。除抵押物外，下列财产也在抵押权效力及于标的物范围之内：①抵押物的从物。即与抵押物同时使用并与抵押物同属于抵押人之物。②抵押物的从权利。即从属于抵押物所有权或使用权为抵押物发挥效用所必要的权利。③抵押物的附和物。即因附和而与抵押物构成一体的物。④抵押物的孳息。包括天然孳息和法定孳息。⑤抵押物的代位物。即因抵押人对抵押物的权利灭失，抵押物转化成的他种价值形态。

（3）抵押人的权利

抵押人的权利是抵押权对抵押人的效力，具体表现在以下几个方面：①抵押人在将抵押物设定抵押后仍享有对抵押物的使用、收益权。②抵押人可以就抵押物的未设定抵押部分的价值再做后序位的抵押，即进行再抵押。③抵押人仍可以对抵押物行使处分权，可以依法转让抵押物的所有权。虽然抵押人在行使该项权利时要受履行一系列义务的限制，但其对抵押物的处分权并不因抵押权的存在而为抵押权人随意剥夺。

（4）押权人的权利

抵押权人的权利，是抵押权对抵押权人的效力。抵押权人的权利主要有以下几项：①抵押权的保全权。即在抵押期间于抵押物的价值受侵害时，抵押权人得享有的保全其抵押权益的权利。②抵押权的处分权。即抵押权人处分其抵押权及抵押权顺序的权利。③优先受偿权。即在抵押权实现时抵押权人以抵押物的变价优先受清偿的权利。

2. 抵押权的实现

抵押权的实现是指债权届满而未获全部清偿时，抵押权人就抵押物行使权利实现优先受偿的行为。抵押权的实现会涉及许多问题，下面就几个主要问题做介绍。

（1）抵押权实现的条件

依据我国现行法律的规定，抵押权的实现须具备以下四个条件：①须以抵押权的有效存在为前提。权利的合法有效性是权利主体行使权利的前提，因此，抵押权人要行使抵押权，其前提条件是该抵押权是合法有效的。②须债务人的债务履行期限届满。债务人的债务履行期限，是决定债务人有无清偿责任的标准。债务人债务履行期限未到的，债务人无履行责任，债权人也不能要求债务履行，也就不能确定债务人是否履行债务。只有在债务人的债务履行期届满时才能确定债务人是否履行债务。③须债务人未履行债务。债务人未履行债务，债权人的债权不能受偿，抵押权人得实现抵押权以受偿其债权。若债务人履行了债务，债权人的债权受到清偿，抵押权人自无必要也不得实现抵押权。④须非因债权人方面的原因未履行债务。若债务人未履行债务是因债权人一方造成的，而不因债务人的原因，则抵押权人不得实现抵押权。只有在因债务人一方造成债务不履行时，抵押权人才得实现抵押权。

（2）抵押权实现的方式

根据《担保法》第五十三条规定，抵押权的行使方式包括折价、拍卖、变卖等三种方式。具体以何种方式实现抵押权，应由当事人协商。抵押合同中对抵押权的实现方式有约定的，应依其约定。抵押合同中没有约定的，抵押权实现时，抵押权人可与抵押人协商，依双方协商同意的方式实现抵押权；抵押权人与抵押人协商达不成协议的，抵押权人可向人民法院起诉，由人民法院裁决以何种方式实现抵押权。

（四）最高额抵押

1. 最高额抵押的含义

根据《担保法》第五十九条规定，最高额抵押，是指抵押人与抵押权人协议，在最高债权额限度内，以抵押物对一定期间内连续发生的债权做担保。由此可见：

第一，最高额抵押是为将来的债权提供的担保。对将来发生的债权设定抵押权，就是对将来的债权的担保。对将来债权的担保，可分为两种：其一是对将来特定债权的担保，即其发生虽属于将来，但其数额已经预定。此种抵押权在债权发生前也可以有效设定及登记，从而抵押权也可以与将来的债权一同化合。但是抵押权人不等其债权成立而且清偿期届满，不可以行使其权利。此种抵押权须登记并应登记将来应发生债权的数额。其二为最高额担保，也叫限定额担保，即预定被担保债权的最高额，以担保在其范围内由继续的法律关系中的债权为目的，而设定的抵押权。

第二，债权有最高限额。最高额抵押是特种抵押，它与一般抵押不同。一般抵押的债权已经确定，并无最高或最低数额的规定。但最高额抵押则规定了最高限额，实际发生的债权未必达到这个限额。

第三，实际发生的债权是连续的、不特定的。最高额抵押权的最高额与实际发生额并不一致，实际发生额具有下列特点：其一，连续性。实际发生的债权是多次的、连续的，债权人并不规定可以连续发生多少次。其二，不特定性。既然不规定债务人可以连续多少次，发生多少债务，那么，实际发生的债权就是不特定的，只是个最高限。实际发生的究竟有多少，在决算期没有确定前，是一个不稳定的数额。

第四，对一定期间内连续发生的债权做担保。最高额抵押是为连续发生的不特定债权做担保。所以，这个债权总要有个确定的日期。《担保法》第五十九条规定的“一定期间”的届满日即为决算日。这个期间是“除斥期间”，它排除中断、中止等妨碍担保期间进行的因素。期间届满即进行决算，债权不再允许增减。

2. **最高额抵押的设定**

最高额抵押权由当事人双方自愿依抵押权设定的一般程序设定。最高额抵押权的成立，不仅须有当事人双方之间的抵押合同，也须依法办理抵押权登记。与一般抵押权的设定不同，当事人在设定最高额抵押权时，须订明下列两项内容。

①抵押权所担保的债权范围和最高限额，并在登记时注明。依我国现行法的规定，最高额抵押所担保的债权应是因借款合同发生的债权或者就某项商品连续发生交易而分期分批履行的债权。在最高额抵押合同中，当事人应当明确抵押权所担保的债权为何种债权，其限额为多少。

②决算期。决算期是最高额抵押合同双方当事人约定所担保债权实际数额的期日。订立最高额抵押合同时所确定的担保债权最高额并非是抵押权实际的债权担保额，实际的债权担保额要在决算时另行确定，决算期以后所生债权不再受该抵押物的担保。决算期应以1—2年为宜，如果期限太长，会使抵押物所有人长期受抵押权的约束，而蒙受不利；但如果期限太短，则达不到设立最高额抵押的目的，对交易关系不利。

二、质押

（一）质押的概念和特征

1. **质押的概念**

质押是指债务人或第三人将出质的财产交债权人占有，并以占有的维持供作债权受偿的担保，债务人不履行债务时，债权人有权依法以该财产折价或者以拍卖、变卖该财产的所得价款优先受偿。民商法一般以权利为本位，故传统上称质押为质权。债务人或第三人用于质权担保的财产为质权标的，称为质物；占有质权标的的债权人为质权人；提供财产设定质权的债务人或第三人为出质人，又称为质押人。

2. **质权的特征**

质权作为担保物权的一种，主要有以下特征。

（1）从属性

质权是以担保债权实现为目的的权利，与其担保的债权形成主从关系。被担保的债权为主权利，质权为从权利。质权因此具有从属性。质权的从属性主要表现在三个方面：其一是存在上的从属性。质权以主债权的有效存在为存在前提，虽为担保将来的债权，质权也可先于债权而成立，但在主债权无效或因其他原因不存在时，质权也就不存在。其二是让与上的从属性。在主债权转让时，质权也应随之而转移，质权不能脱离债权而单独为让与。其三是消灭上的从属性，主债权消灭，质权也当然随之消灭。

（2）不可分性

质权与抵押权一样具有不可分性，即质物的全部价值担保债权的全部。质权的效力及于质权标的全部，即使债权部分受清偿也不受影响。即使债务人清偿了大部分债务，仅有少部分债务未能清偿，债权人也可以对质物全部行使质权。质物部分灭失的，未灭失的部分仍然担保着全部债权，而不能相应地缩减质权担保的范围。

（3）物上代位性

质权的物上代位性表现为，在质物发生毁损灭失或者其价值形态发生改变时，质权的效力及于质物的代位物上。我国《担保法》第七十三条明确规定："质权因质物灭失而消灭。因灭失所得的赔偿金，应当作为出质财产。"质权的物上代位性与抵押权的物上代位性所不同的是，在质物有损毁、败坏而致价值减少的危险时，质权人得出卖质物，而将卖得的价金作为出质财产。

（4）优先受偿性

质权虽由质权人占有质物，于债务履行前有留置的效力，但质权的根本效力不在留置，而在于以质物的价值优先受偿。因此，优先受偿性也是质权的本质属性。

（5）转移占有性

即质权以转移质物占有为要件，质物由质权人占有，而不再由出质人占有，这一事实足以公示质权的存在。因质物的不同，质权移转占有性的表现形式也不同。

（6）质权的留置性

即质权的设定以占有转移为要件，而且以占有继续为必要。如果质权人在质押期间丧失对质物的占有或质物灭失，则质权消灭。质权人也不能使出质人代自己占有质物，即不能占有改定。

（二）动产质押

《担保法》第六十三条第一款规定，动产质押，是指债务人或者第三人将其动产移交债权人占有，将该动产作为债权的担保。债务人不履行债务时，债权人有权依法以该动产折价或者以拍卖、变卖该动产的价款优先受偿。在动产质押法律关系中，提供质物的人为出质人，质物由债务人自己提供的，出质人即为债务人本人，质物由债务人以外的第三人提供时，该第三人是物上保证人，无论是债务人以自己的动产出质还是由第三人代债务人出质，对于债权人而言，法律效果是一样的。质权人是指占有质物的债权人，债权人与质权人同为一人。

1. 动产质权的设定

动产质权的设定是动产质权取得的方式之一。在我国，动产质权虽也可以依受让、继承等其他方式取得，但动产质权的原始取得为质权的设定。

各国法律普遍规定，动产质权基于法律行为而设定。依我国《担保法》的规定，设定动产质权的法律行为就是质押合同。

（1）动产质押合同的形式和内容

《担保法》第六十四条第一款规定："出质人和质权人应当以书面形式订立质押合同。"依此规定，质押合同应采用书面形式。《担保法》第六十五条规定，质押合同应当包括以下内容：①被担保的主债权种类、数额；②债务人履行债务的期限；③质物的名称、数量、质量、状况；④质押担保的范围；⑤质物移交的时间；⑥当事人认为需要约定的其他事项。质押合同中不完全具备上述内容的，并不因此而影响合同的效力，当事人可以予以补充、修正。

（2）动产质押合同的生效

动产质押合同和其他合同一样，必须具备一定的实质生效要件才能发生法律效力。主要包括：第一，质押合同当事人应具有相应的行为能力；第二，质押合同的当事人的意思表示真实；第三，质押合同的内容应当符合法律规定，不得违反社会公共利益。除此之外，根据《担保法》第六十四条第二款规定，质押合同自质物移交于质权人占有时生效。也就是说，质押合同当事人意思表示一致，订立书面质押合同后，该合同并不当然生效，而必须由出质人将质物移交给质权人占有时才生效。这也说明，质押合同从其性质上说是一种实践合同。

（3）动产质押合同的标的物

动产质押合同的标的物即质物，是质押合同中约定的由出质人移交质权人占有的动产。由于实现动产质权时，要对质物予以变价，因此，动产质押合同的标的物须符合以下两个要求：第一，须为可让与的且法律不禁止流通的动产。第二，须为特定的动产。对于种类物、可替代物，只有在其特定化后，才可成为动产质押合同的标的物。

2. 动产质权的效力

（1）动产质押所担保的债权范围

《担保法》第六十七条规定："质押担保的范围包括主债权及利息、违约金、损害赔偿金、质物保管费用和实现质权的费用。质押合同另有约定的，按照约定。"因此，动产质权所担保的债权范围应以出质人与质权人在质押合同中约定的为准。如果当事人未在质押合同中约定或者其约定不明时，质权所担保的债权范围包括原债权、利息、违约金、损害赔偿金、质物保管费用和实现质权的费用。

（2）动产质权效力所及于的标的物范围

一般认为，动产质权的效力及于质物的从物、孳息物、代位物等。

（3）动产质权对于质权人的效力

动产质权对于质权人的效力，表现为质权人因质权的成立而发生的权利和义务。质权人的权利主要有：①占有质物的权利。质权以质物的占有移转为成立要件，质权人对质物当然有占有的权利。②留置质物的权利。由于质权人占有质物是质权存续的条件，因此，质权人在其债权受偿前对其占有的质物有留置的权利。只要其债权未受清偿，质权人即得拒绝一切人关于返还质物的请求。③质物孳息的收取权。除当事人另有约定外，质权人有权收取质物的孳息。④费用偿还请求权。质权人对因保管质物所支出的必要费用有偿还请求权。⑤物上代位权。质权人在质物有损害可能或者其价值明显减少而危害其权利时，可以拍卖或变卖质物，以其所得价金代充质物。⑥优先受偿权。质权人可以就质物的变价优先受偿。⑦质权的处分权。

质权的处分权是质权人处分其质权的权利，包括质权的抛弃、质权的让与或供其他债权的担保。

质权人的义务主要有：①保管质物的义务。质权人占有留置质物期间，应尽善良保管人的义务保管质物。因质权人过错而致质物毁灭的，其应承担民事责任。②返还质物的义务。动产质权所担保的债权实现时，质权人应将质物返还给出质人，否则将构成不当得利。③收取孳息的注意义务。质权人在收取孳息时应以诚实守信原则，尽善良管理人的义务。特别是收取的孳息充抵了各项费用后有剩余的，质权人应妥为保管。④告知义务。质押关系成立后，在质押期间有质物遭受毁损、灭失、产生孳息等事由，质权人应及时告知出质人。

（4）动产质权对于出质人的效力

动产质权对出质人的效力，表现为出质人因质权的成立而发生的权利和义务。出质人的权利主要有：①出质人对质物的处分权。动产质押的生效以移转质押物占有为要件，出质人因此而丧失了对质物的使用、收益及事实上的处分权，但质物的所有权仍属于出质人，因此，质权成立后，出质人可以转让质物的所有权，并可再行设质，或以让与返还请求的方法，将质物出让。②出质人基于质权的设定对质权人的抗辩权。出质人既为债务人，又属担保人。因此，基于出质人与债务人同为一人的情况下，他可以行使债务人的抗辩权，如同时履行抗辩、不安抗辩等；基于担保人，他可行使担保人的抗辩权。③质物受侵害时的救济权。我国《担保法》第六十九条第二款规定，质权人有妥善保管质物的义务，因保管不善而致质物灭失或毁损的，质权人应承担民事责任。质权人不能妥善保管质物可能致使其灭失或者毁损的，出质人可以要求质权人将质物提存，或者要求提前清偿债权而返还质物。④余额返还及质物返还请求权。在质权人以质物折价，或者以拍卖、变卖质物实现债权后该质物剩有余额时，出质人可以向质权人行使余额返还请求权。质权人的债权非通过质权实行方法得以消灭时，出质人有权以所有人的身份请求返还质物。⑤物上保证人的代位求偿权。出质人为债务人以外的第三人即物上保证人时，若其为债务人代为清偿债务，或者因质权的实现致使其丧失质物的所有权，则出质人对债务人享有代位权与求偿权。《担保法》第七十二条规定："为债务人质押担保的第三人，在质权人实现质权后，有权向债务人追偿。"物上保证人的追偿范围即是质权人以质物的价值受偿的范围。

由于动产质权的设定，出质人也相应承担一定的义务。我国《担保法》第七十条规定了出质人的义务：质物有损坏或价值明显减少的可能，足以危害质权人权利的，质权人可以要求出质人提供相应的担保。在这种情况下，出质人有义务向质权人提供相应的担保，以保障债权的实现。

3. 动产质权的实现

动产质权的实现，又称动产质权的实行，指质权人于其债权清偿期届满而未受偿时，处分质物，以质物的变价优先受偿其受担保的债权。

（1）动产质权实现的条件

动产质权实现须具备三个条件：①须债务履行期限届满债务人未履行债务；②须债权人非因自己的原因未受清偿；③须质权人占有质物。

（2）动产质权实现的方法

我国《担保法》第七十一条第二款规定："债务履行期届满债权人未受清偿的，可以与出质人协议以质物折价，也可以依法拍卖、变卖质物。"依此规定，在我国质权的实现方式有以质物折价和拍卖、变卖质物两种。

（三）权利质押

权利质押，通常是指为了担保债务的清偿，以债务人或第三人所享有的实体财产以外的可以让与的财产权利为标的物而为债权人设立的担保。权利质押的标的物是权利，这是由于财产所有权以外的财产权，其本身具有交换价值，因此与实体物一样可以用于担保。

权利质权的当事人为出质人和质权人。权利质权的出质人是提供某项财产权利给债权人以担保债权实现的人。出质人可以是债务人，也可以是债务人之外的第三人，出质人必须是对出质的财产权利享有所有权或处分权的人。权利质权的质权人就是受担保的主债权的债权人。

权利质押与动产质押虽同属质押，但两者之间有以下不同。

①质押标的不同。动产质押的标的是有形动产，而权利质押的标的则是没有物质实体的无形权利。根据我国《担保法》第七十五条的规定，可以质押的权利包括：第一，汇票、支票、本票、债券、存款单、仓单、提单；第二，依法可以转让的股份、股票；第三，依法可以转让的商标专用权、专利权、著作权中的财产权；第四，依法可以质押的其他权利。

②质押设定的方式有所不同。设定动产质押时，移转动产占有的方式只有一种，即出质人向质权人交付出质的动产。而在设定权利质押时，移转权利占有的方式则有三种：第一，以证券化之债权设质时交付作为权利凭证的票据、证券，即意味着移转了出质债权之占有；第二，以证券化的债权设质时，由出质人、质权人将设质之情况通知出质债权的债务人，即意味着移转了出质债权的占有；第三，以股份、股票或知识产权设质时，依法进行质押登记即意味着移转了出质股份或知识产权的占有。

③质权保全和实现的方式有所不同。保全动产质权的主要方式是质权人对入质动产的实际掌握、控制，而保全权利质权的主要方式则是对出质人处分入质权利的法律限制，如规定非经质权人同意出质人不得为转让抛弃入质权利或缩小入质权利内容的法律行为。在质权实现方式上，折价、拍卖或变卖入质财产并从卖得价款中优先受偿，是动产质权人实现其质权的唯一方式，而权利质押的实现除上述方式之外，质权人还可取代出质人的地位，向入质权利的义务主体直接行使入质权利，并通过直接行使入质权利使被担保的债权优先受偿。

权利质押与动产质押虽有上述区别，但两者作为质押的不同形态，共同构成质押制度的内容，两者的共同点更多一些。因此，《担保法》第八十一条规定："权利质押除适用本节规定外，适用本章第一节的规定。"也即，权利质押的法律调整，除适用《担保法》关于权利质押一节的特别规定外，还应适用动产质押一节的规定，如关于质权效力的规定等。

第四节　金融担保法律实务研究
——以场外金融衍生交易为例

一、场外金融衍生交易担保的概念

（一）场外金融衍生交易担保的内涵

广义的场外金融衍生交易担保是场外金融衍生交易一方与担保方约定，以特定的资产或者第三人的信用保障交易对方履行义务的制度，用以降低由于交易对方不履行约定义务而出现的信用风险，包括第三方保函和信用支持。

狭义的场外金融衍生交易担保则仅指信用支持，即场外金融衍生交易双方约定，根据主协议项下交易双方间的信用风险程度，以特定的资产保障交易对方履行义务的制度安排。本书中所指的场外金融衍生交易担保即采用狭义表述。

（二）场外金融衍生品交易担保的特殊性

在经济发达的市场中，交易信用系统不仅更复杂，而且存在的交易风险更高。信用机制存在高风险性和不确定性，如果单纯依靠信用将会使整个交易市场孕育风险，最终坍塌。由于场外交易市场的透明度低、潜在风险高，只有担保才能保护交易双方，降低因信用风险造成损失的可能。因此，担保制度自20世纪90年代开始，对金融创新信用风险提供了重要支撑，同时对信用风险做出了有效管理。而且，不同的交易主体在市场中的信用风险程度是不同的，担保制度缓解了不同交易主体之间的信用风险差值，避免了交易双方由于信用评级差值较大而出现无法交易的情形。

场外交易通过私人协议的方式对衍生品进行定价，合同规模、条件和结算价格均根据当事人约定，可以满足客户的特别需求。场外交易能够突破场内交易标准化合约的限制，具有后者无法比拟的发展速度与规模。有鉴于此，场外交易适用特殊的法律制度，交易担保也显现区别于传统担保制度的独特性。

场外交易担保具有相对独立性。传统担保制度的担保关系从属于担保的债权债务关系，担保权从属于担保的债权。就场外交易担保而言，仅创设须依据债权关系产生；交易担保一旦成立，其他相关问题均独立于主债权，如担保物的实际交付、增减均以市价计值制度为基础，依据交易双方的信用风险净暴露额进行确定并随时变化。另外，交易主协议无效也不必然导致担保协议无效，而担保协议的取消、否认、放弃或拒绝等可能构成主协议中的违约事件而引起主协议终止。由此，场外交易担保的相对独立性不言自明。

场外交易担保具有不确定性。区别于传统担保协议中债权人与担保人法律地位相对固定的情形，场外交易主协议当事人根据信用敞口与市价计值，其债权债务关系处于不断变化中，双方互享债权，互负债务。为了避免交易双方在进行担保或其他交易行为过程中，出现对条款理解偏差导致合约不可执行的情形，场外交易主体多采用国际机构制作的标准文件作为合同文本。各国监管部门也多鼓励交易双方采用国际公认的法律文本以减少法律风险。目前，场外衍生品交易最常使用的是国际互换及衍生工具协会制定的 ISDA 系列文本。

二、我国场外金融衍生品交易担保的立法现状

场外市场在我国属于新兴市场，与场内市场具有统一、明确的交易规则不同，场外交易主要依据当事人约定。但金融衍生品交易是西方发达市场的产物，由此而生的国际掉期与衍生工具协会（International Swaps and Derivatives Association，ISDA）系列文件也以英美法系国家法律为植根土壤。目前，我国尚未就此出台专门的法律法规予以规范，欲探讨其法律效力完善问题，首先必须明确场外交易担保在我国的法律适用依据。

（一）我国现有场外金融衍生品交易担保的法律规范

迄今为止，我国涉及金融衍生交易的相关法律主要有：《中华人民共和国合同法》《中华人民共和国物权法》《中华人民共和国企业破产法》《金融机构衍生产品交易业务管理暂行办法》，以及《中华人民共和国中国人民银行法》《中华人民共和国商业银行法》《中华人民共和国证券法》《中华人民共和国信托法》《中华人民共和国证券投资基金法》《中华人民共和国票据法》《银行业监督管理法》。目前，我国既没有针对金融衍生交易的专门法规，也没有像很多国家那样将金融衍生交易纳入金融法或期货立法进行规范。因此，要探讨信用支持安排在我国的构建就必须从《中华人民共和国物权法》、《中华人民共和国担保法》及其解释、《中华人民共和国企业破产法》等与信用担保制度相关的法律法规入手。

（二）我国传统担保制度与场外衍生交易担保制度的冲突

国际场外交易担保均采用动产为担保标的物，如 ISDA 信用支持附件中规定的合格信

用支持物为现金账户和证券，实践中通常为现金账户、政府债券或高评级债券。因此，场外交易担保效力以我国动产担保制度为法律适用依据。

场外金融衍生交易担保在我国法域下属于狭义担保。换言之，交易双方必须在交易同时据合意另行担保行为，即利用交易之外的其他财产保障交易安全，达到担保目的。信用支持文件区别于主协议，是交易担保的依据。

1. **传统担保制度的从属性**

在我国传统的担保制度中，担保物权从属于主债权，并以担保主债权的实现为目的，是主债权的从权利，因此担保物权具有从属性的特点。担保物权的从属性特点有利于保障主债权的实现，同时能够在一定程度上保护担保人的权益，控制其责任风险。但是在ISDA主协议项下，合格信用支持物的效力并非从属于主协议。在依照ISDA的有关规定，如果ISDA主协议无效，并不影响该合格信用支持文件的效力，因为信用支持文件具有独立性，且受到该信用支持文件本身的准据法管辖，其效力并不依附于主协议。所以，在ISDA项下主协议无效并不必然导致信用支持文件的无效。

2. **传统担保物权的实现条件**

在我国传统担保制度中，担保物权具有补充性，当债务人届期不清偿债务时，债权人即可行使担保权以保障自己的债权得以实现。担保物权的从属性虽然一方面保障了担保权人债务的实现，但在另一方面对担保物权实现的条件加以限制，即只有在债务以届清偿期，债务人不履行债务时，债权人方可行使其担保权。但依据ISDA的有关规定，其担保权益的实现并不以债务人届期不清偿债务为前提，只要是在主协议项下或合格信用支持文件上存在违约，无论违约方是否担保人，均可能实现担保权益。因此，ISDA信用支持文件中担保权益的实现条件与我国法律的相关规定有所冲突。

3. **传统担保物权的法定性**

传统担保物权必须符合“物权法定主义”原则。传统担保物权的法定性是指担保物权的形式和内容均由法律规定，当事人不得随意创设任何新的担保物权。而由于ISDA项下的担保权益型信用支持文件和所有权转移型信用支持文件是在英美法系之下建立的，其还无法在我国法律中找到完全适合的位置，造成了我国担保物权的法定主义原则与ISDA信用支持安排的冲突。

4. **担保物所有权转移问题**

ISDA起草的标准信用支持文件之一ISDA——英国法所有权转移附件（English Law Transfer Annex）规定，设定担保时，担保物的所有权是转移的，即由担保物提供方（担保方）转给担保物接受方（被担保方）。这与《中华人民共和国担保法》中关于设立担保时不得约定转移担保物的所有权的原则性规定是矛盾的。因此，若我国法院受理交易纠纷或破产案件时，则可能会对此类担保进行法律性质的重新确定，并认为担保项下的担保物的所有权没有发生转移。这样，担保权人基于所有权转移而可能对担保物进行的处置行为的法律效力就值得质疑。一方面，没有所有权，处置权就自然受限制；另一方面，在破产程序中，非经破产清算人的许可，担保权人也不得擅自处置担保物。

三、我国场外金融衍生交易担保制度的完善

（一）构建我国金融衍生交易信用支持安排的必要性

ISDA 信用支持安排作为 ISDA 主协议下的担保安排制度在国际金融衍生交易界得到了广泛适用，形成了场外金融衍生交易的一项重要交易规则，占据着重要的法律地位，已成为一种市场惯例。ISDA 信用支持安排也得到金融发达国家和地区的国内法与监管机构的认可。鉴于国际金融衍生交易的迅速发展以及我国市场参与者已广泛参与其中，且因对交易规则的不熟悉等原因，诸多企业在参与衍生交易中发生了重大损失，如海升—大摩案、中信泰富、东航、中航等事件；加之，在金融衍生交易实践中发展起来的 ISDA 信用支持安排制度具有浓厚的英美法特色，与我国的现有法律制度，如《中华人民共和国物权法》《中华人民共和国担保法》《中华人民共和国企业破产法》等存在一定的冲突之处。ISDA 信用支持安排制度法律效力在我国法下的不确定性，使我国场外金融衍生交易者在从事国际金融衍生交易时顾虑重重，处于极其不利的境地。所以，在我国相关法律制度中承认 ISDA 信用支持安排的相关规则，构建我国金融衍生交易担保制度，将有助于规范和有效保护参与国际金融衍生交易的我方交易者，有利于我国金融衍生交易市场的发展。

（二）构建我国金融衍生交易信用支持安排的可行性

虽然 ISDA 信用支持安排制度与我国传统的担保法理论、物权法以及破产法律制度存在一定的冲突，但我国相关法律在做出原则性或强制性规定的同时以但书形式给予了当事人一定的意思自治空间，如《中华人民共和国担保法》中的同意转质条款和责任转质条款，《中华人民共和国物权法》第一百七十条规定的法律允许当事人在一定条件下约定担保权益的实现条件等。相关法律规定对当事人意思自治权利的认可给 ISDA 信用支持安排的相关规定在我国法律上的有效性问题提供了依据或可能。随着意思自治原则在民商法领域的发展以及物权法定原则缓和，加之交易实践中出现了很多非典型担保物权，如让与担

保、浮动担保等，这些均为承认ISDA信用支持安排的有效性提供了理论支持。

（三）构建我国金融衍生交易担保制度的立法模式选择

在经济快速发展的市场实践中发展起来的一些新型担保方式，已由单纯的当事人间的合同约定逐渐被主要国家的立法认可或吸收。对于国际金融衍生交易信用支持安排制度，各金融发达国家和地区以立法的形式予以认可，主要有两种立法模式：分散式立法模式与综合式专项立法模式。英美法系国家以判例法为主，一般采用分散式立法模式，如美国通过修改破产法等承认ISDA信用支持安排制度的法律效力；而大陆法系国家以成文法为主，一般采用综合式专项立法模式，如欧盟发布的《欧盟金融担保指令》。

目前，我国在金融衍生交易方面较全面的规定，是2009年银监会修订的《金融机构衍生产品交易业务管理暂行办法》，但其属于部门规章，也没有有关金融衍生交易担保制度的具体规定。2009年中国银行间市场交易商协会（National Association of Financial Market Institutional Investors，NAFMI）发布的主协议及履约保障文件，在内容与形式上均借鉴了ISDA法律文件群，规定了与ISDA信用支持安排类似的规则，但该主协议仅是具有行业指导意义的标准化合同文本，是市场交易参与者约定、认可的交易规则，并未得到立法上的认可。

在立法路径上，我国可选择以下几种方式，承认ISDA信用支持安排的法律效力：第一，制定特殊专项立法，可参考欧盟的《欧盟金融担保品指令》，制定有针对性的金融担保专门立法，对ISDA信用支持安排予以最为明确、直接的确认。第二，修改现有法律，对《中华人民共和国企业破产法》中第十八条、第三十一条、第三十二条、第四十条等关于破产可撤销行为、破产无效行为、个别清偿等规定，制定关于场外金融衍生交易担保安排的例外规定，在《中华人民共和国物权法》《中华人民共和国担保法》、外汇管理规定中对限制ISDA信用支持安排的相关条款予以调整、修正，并明确规定所有权转移式信用支持安排制度。第三，制定司法解释，通过制定司法解释解决我国目前在场外交易中信用支持安排所面临的法律风险问题。

通过对上述立法模式的考量，笔者认为，《中华人民共和国担保法》《中华人民共和国物权法》《中华人民共和国企业破产法》等法律属于高级别的人大立法，如果只是制定行政法规，其核心条款不能与上位法冲突，会受到制约；对于修改现有法律，具体操作协调起来不是很容易，ISDA信用支持安排与ISDA主协议中的相关规定紧密相连，可选择放弃对ISDA信用支持安排单独予以调整规范，将其纳入金融衍生交易监管的整个法律框架内，建议制定一部金融衍生交易法，在该部适用于国际金融衍生交易的法律中构建一套针对金融衍生交易的担保制度，从而使ISDA信用支持安排在我国法律上获得有效性，为我国金融衍生交易的参与者提供有力的法律支持与保障。

第六章 网络金融法律制度与实务研究

第一节 网络金融法律制度概述

一、网络金融法的概念

一般认为，法律是以特定方式调整特定社会关系或社会行为的行为规范。金融法是调整金融关系的法律总称。网络金融的发展和自身的规范要求网络金融法的产生，网络金融法是金融法应对金融电子化、网络化的产物。概括而言，网络金融法是关于网络金融交易和网络金融监管的法律规范的总称。① 可见，网络金融法主要针对网络金融交易和网络金融监管两类活动及其产生的相应社会关系。

二、网络金融法的特征

（一）技术规范性

在网络金融法中，许多法律规范都是直接或间接地由技术规范演变而成的。比如一些国家将套接层安全协议（SSL）和安全电子交易（SET）协议，规定为安全的技术标准。这样就将有关的技术规范转化成了法律要求，对当事人之间的交易形式和权利义务的行使，都有极其重要的影响。另外，关于网络金融的技术标准，当事人若不遵守，就不可能在开放环境下进行网络金融交易。所以，技术性特点是网络金融法的重要特点之一。技术

① 齐爱民，陈文成．网络金融法［M］．长沙：湖南大学出版社，2002：27.

规范的强制力，来源于其客观规律性，它是当代自然法的主要渊源，理想的实证法只能对之接受，而不能违抗。技术性导致网络金融法的另一个特征就是标准的统一性，尽管目前还难以做到这一点，但标准的统一是网络金融发展的必然方向，只有形成统一的标准，才有可能实现各种协议的兼容性，才能为统一的市场规则打下基础。

（二）国际趋同性

互联网技术的全球性、互联网标准的全球性以及互联网接口的统一性，必然要求网络金融法的国际化和全球化。在世界范围内，由于国际经济一体化的趋势越来越强，借助互联网的作用，全球货币资金的流动更为迅速，这一方面要求对网络金融的规范，必须是基于以全球性的解决方案，要制定国际统一的网络金融行为规则；另一方面要求加强国际金融监管，密切国际合作，以防范国际金融危机的发生。

（三）国家干预性

基于网络的国际属性以及金融业对一国国家利益的重要性，强调和保障国家安全就显得十分重要。几乎所有的经济发达国家都极端重视网络金融与国家安全问题，甚至有的国家还制定专门的法律来保障针对互联网的国家金融安全。网络金融法中的国家意志性还体现在政府对网络金融发展的鼓励和限制措施，以及对网络金融犯罪的打击和防范上。网络资源是一种不同于私人利益的公共性资源，没有政府的管理干预将很难发展壮大。网络金融发展的过程中，不可避免地带来欺诈、不公平交易、盗用、窃取与“洗钱”等违法犯罪行为，破坏市场经济秩序，损害社会公共利益，这都需要政府的力量维护网络金融秩序。

三、网络金融法的基本原则

（一）安全性原则

保障网络金融的安全进行，既是网络金融法的重要任务，又是其基本原则之一。网络金融的高效、快捷，以安全性为前提，它不仅需要技术上的安全措施，同时也离不开法律上的安全规范。譬如，网络金融法确认强化网络支付电子签名的标准，规定金融认证机构的资格及其职责等具体的制度，都是为了形成一个较为安全的金融运行环境。由于互联网是一个开放的网络，计算机病毒的侵害、电脑黑客的攻击以及自然灾害、人为失误都有可能造成网络金融交易的巨大损失，因此，安全性原则是网络金融法的基本原则之一。

（二）中立性原则

网络金融法的基本目标，是要在网络金融活动中，建立公平的交易规则。网络金融既是一种新的交易手段，同时又是一个新兴产业。面对巨大利益的诱惑，各种主体都想参与其中，谋取利益。而要达到各方利益的平衡，实现公平的目标，就有必要坚持中立原则。首先是技术中立。例如在美国，为实现各自的利益，当前许多公司拥有自己的数字签名技术，在无法判别哪种技术更好的时候，对各种技术的发展只能采取中立的原则，不能对其中的一种或几种产生歧视性要求。同时，还要给未来技术的发展留下法律空间，而不能停止于现状。其次是实施中立。是指在网络金融法与其他相关法律的实施上，不可偏废；在本国网络金融活动与跨国性网络金融活动的法律待遇上，应一视同仁。最后是同等保护。网络金融法对商家与消费者，国内当事人与国外当事人等，都应尽量做到同等保护。因为网络金融本身是国际性的，在现代通信技术条件下，割裂的、封闭的网络金融市场是无法生存的。

（三）制度创新与制度协调原则

网络金融的飞速发展关键是基于技术创新，而技术创新离不开制度的保障。网络金融是一种不同于现实物理世界的金融创新形式，它存在于互联网的虚拟世界中，网络金融法律制度调整的对象与传统金融法已有较大的不同，这就决定了网络金融法相对于传统金融法必须进行制度创新。但在另一方面，网络金融毕竟不是独立于现实社会的，它依然同现实存在密切的联系，要依赖于现实，不可能脱离传统金融法律制度，这就决定了网络金融法必须与已有的包括传统金融法在内的法律制度的协调，尤其基本的法学理念和法律规范都要继承。此外，由于网络金融仍处于快速发展和变化中，新的法律问题将不断出现，网络金融立法在基于现实性的基础上，要注重前瞻性和预测性。

（四）行业自律与政府监管原则

网络金融的许多实际运行规则都是由行业内部的技术标准、章程决定的，行业自律的灵活性、运作的低成本性是国家法律所不具有的。由于网络金融具有公共资源的性质，以及它所具有的高风险性和国家利益的性质，决定了网络金融法必须强调国家政府的监督管理。

第二节　电子货币与电子支付法律制度研究

一、电子货币法律制度

（一）电子货币的含义

对于电子货币的概念界定，目前还没有任何一个国家的法律做出过比较完整的定义。作为金融技术创新中的新生事物，电子货币本身的发展尚未成熟。一般来说，电子货币的使用者以一定的现金和存款，从发行者处兑换并获得代表相同金额的数据，并以可写读的电子信息方式储存起来，需要偿清债务时，使用者可以通过某些电子化媒介和方法，将电子数据直接转移给支付对象，此种电子数据便被称为电子货币。简单地说，电子货币就是以数据或电子形式存在的货币。

（二）电子货币的分类

根据电子货币目前及将来的发展情况，我们可以根据不同的标准对电子货币做一分类，以利于对其进行研究。

1. **按电子货币的结算电子化方式分**

按电子货币的结算电子化方式，可分为支付手段电子化的电子货币和支付方法电子化的电子货币。前者指电子货币本身即具有价值的电子数据，如荷兰的 Ecash 和英国的 Mondex；后者则是以电子化方法传递支付指令给结算服务提供者以完成结算，如 ATM 转账结算或通过 POS 机的信用卡结算等。

2. **按支付方式分**

按照支付方式，电子货币可分为以下几类。

①“先存款，后消费”的预付型电子货币，如借记信用卡和储值卡。

②在消费的同时即从银行账户转账的即付型电子货币，如通过 ATM 和 POS 的现金卡。

③“先消费，后付款”的后付型电子货币，如国际通过的 VISA 卡和 MASTER 卡等贷记信用卡。

3. **按电子货币的形态分**

按照形态，电子货币可分为以下几类。

①储值卡型：功能与普通的IC卡基本一致，可以通过ATM机增加卡内的余额，但储值卡型的电子货币不能进行个人之间的支付，也不能在互联网上使用。

②信用卡应用型：在传统信用卡的基础上实现了在互联网上通过信用卡进行支付功能的电子货币，是目前发展最快且进入实用化阶段的电子货币。

③存款电子化划拨型：通过计算机网络转移、划拨存款以完成结算的电子化支付方法。如美国安全第一网络银行提供的电子支票、环球银行金融电讯协会提供的电子结算系统等。

④电子现金型：即以电子化的数字信息块代表一定金额的货币，通过将按一定规律排列的数字串保存在电子计算机的硬盘内或IC卡内来进行支付。如，Ecash和Mondex是最接近于现金形式的电子货币。

（三）电子货币的相关法律问题

电子货币带来了一场深刻的法律变革：金融法要加强金融监管，防止电子货币的过度发行，保障金融安全，防止欺诈、洗钱等违法犯罪活动。

1. 电子货币产生的影响

（1）电子货币对货币垄断发行权产生影响

一般而言，各国货币的发行是由中央银行代表国家进行的，是垄断的，但是电子货币的出现使得一般金融机构甚至非金融机构的发行成为可能，从而冲击了中央银行的货币垄断发行权。因此，其使用将在相当程度上减少法定货币的使用。虽然电子货币的发行并不影响各国中央银行在纸币和硬币发行上的垄断权，但由于电子货币有类似于现金的特征，其发行无疑会减少中央银行货币的发行量。若一般金融机构或非金融机构出于营利目的，大量发行电子货币，将导致基础货币量的盲目增加，最终导致通货膨胀，扰乱货币市场正常供求关系。

（2）电子货币对金融调控产生影响

当以储备金作为实施货币政策的手段时，如果电子货币发行主体仅限于金融机构，还不至于产生太大的影响；但是，如果允许非银行实体发行电子货币，即普及电子货币，则将导致银行的存款储备金大幅收缩，支付准备金的需求发生较大波动，增加中央银行的金融调控难度。

（3）电子货币对铸币税的影响

电子货币的普及将减少纸币及硬币的发行量，而货币发行量的减少将降低中央银行铸币税的收入。铸币税是中央银行收入的核心部分，也是国家财政收入的组成部分之一。因此，电子货币会对有庞大预算赤字的国家形成相当大的压力。

2. 电子货币的发行问题

（1）电子货币发行主体的法律定位

迄今为止，许多国家的法律没有明确规定电子货币的发行主体。一般来说，电子货币是将客户所能支配的资金或货币币值存储在其持有的某种电子设备上。从这个意思上看，其他金融机构和非金融机构也拥有发行电子货币的权利。

目前，国际上对电子货币的发行主体的认识存在较大的分歧。欧洲大陆法系国家认为，电子货币的发行应该包含在现行金融机构的业务中，其发行主体应属于金融监管的对象。而在美国和英国，对电子货币的发行主体是否应加以严格监管和限制，存在不同的观点：更多人认为，对电子货币的发行主体加以严格监管和限制，不利于民间机构的技术开发和创造，所以将电子货币发行主体限于金融机构尚为时过早，目前应允许民间机构发行电子货币。

以上两种相反的观点，反映了对发展电子货币所持有的谨慎和开放的两种态度。究竟谁有权发行电子货币，关键在于利益的平衡。但就控制电子货币造成的危险而言，欧洲国家的观点有利于国家对电子货币的监管，可以更好地控制金融风险。

（2）我国对货币发行实行严格的管理制度

根据《中国人民银行法》，人民币是我国的法定货币，人民币由中国人民银行统一印制、发行，其年度供应量由国务院批准；第十九条特别规定：“任何单位和个人不得印制、发售代币票券，以代替人民币在市场上流通。”显然，只有中国人民银行或经人民银行批准的金融机构，才有权发行电子货币。其他金融机构在获得批准发行电子货币后，人民银行还有权对电子货币的运行实行严格的监督管理。

（3）洗钱问题

电子货币在空间领域的突破将促进经济的发展，但也带来了金融管理上的困难。电子货币可以很容易地进行远距离转移，借助电话线、互联网，可以在瞬间转移到世界上任何一个角落。另外，电子货币具有很强的匿名性，可以无限制流通。由于电子货币存在这些特点，可以比较容易被犯罪分子所利用，成为洗钱等犯罪活动的工具。当电子货币跨国界支付时，特别是在利用计算机在公用互联网上进行操作时，由于不在某一特定的司法管辖权范围之内，因此很难对电子货币进行监控和约束。

二、电子支付法律制度

（一）电子支付的概念

电子支付是随着金融创新的不断发展而出现的。20世纪70年代以来，随着计算机技术和现代通信技术在银行业的普及应用，银行在一定程度上已能够由计算机存储的数据来表示资金，将现金流动、票据流动转变成计算机网络中的数据流动，由此产生了电子支付。

电子支付又称“网上支付”，是指通过电子计算机网络以负载有特定货币价值的信息传递而实现的实时支付。它有两个层面的含义：一是以计算机网络为手段，将传统的支付方式电子化；二是以某种形式的电子信息完全取代传统支付工具，如现金、票据、信息的传递就是资金的传递。这种形式就是人们所说的电子货币。

（二）电子支付的主要形式

在传统商务活动中，支付主要采用两种方式：一是票据支付，多用于企业的商贸过程；二是现金，常用于企业对个体消费者的商品零售过程。在电子商务环境下，由于使用的传输网络、传输协议和支付程序的不同和相互组合，在实践中衍生出了各种各样的电子支付工具。这些支付工具可以分为三大类：一类是电子货币类，如电子现金、电子钱包等；另一类是电子信用卡类，包括智能卡、借记卡、电话卡等；还有一类是电子支票类，如电子支票、电子汇款、电子划拨等。

1. 电子支票

电子支票是一种借鉴纸张支票转移支付的优点，利用数字化网络传递将钱款从一个账户转移到另一个账户的电子付款形式。这种电子支票的支付是在与商户及银行相连的网络上以密码方式传递的，多数使用公用关键字加密签名或个人身份密码代替手写签名。1996年，美国通过的《改进债务偿还方式法》成为推动电子支票在美国应用的一个重要因素。该法规定，自1999年1月起，政府部门的大部分债务将通过电子方式偿还。不过，对于在线支票的兑现，人们仍持谨慎态度。

2. 电子现金

电子现金是一种以数据形式流通的货币。它把现金数值转换成为一系列的加密序列数，通过这些序列数来表示现实中各种金额的币值。用户在开展电子现金业务的银行开设账户并在账户内存钱后，就可以在接受电子现金的商店购物了。

目前，电子现金支付的典型的实用系统是 Digicash 系统和 NetCash 系统：Digicash 是一种无条件匿名电子现金支付系统，其主要特点是通过数字记录现金，集中控制和管理现金，是一种足够安全的电子交易系统。NetCash 是一种可记录的匿名电子现金支付系统，其主要特点是设置分级货币服务器来验证和管理电子现金，以使电子交易的安全性得到保证。

3. 智能卡

智能卡是在法国问世的。20 世纪 70 年代中期，法国 Roland Moreno 公司采取在一张信用卡大小的塑料卡片上按照嵌入式存储芯片的方法，率先开发成功 IC 存储卡。目前在美国，人们更多地使用 ATM 卡。智能卡与 ATM 卡的区别在于两者分别是通过嵌入式芯片和磁条来储存信息的。由于智能卡存储信息量较大，存储信息的范围较广，安全性也较好，因而逐渐受到了人们的重视。

4. 电子钱包

电子钱包是电子商务活动中顾客购物常用的一种支付工具，是在小额购物或购买小商品时常用的新式钱包。它是以智能卡为电子钱包的电子现金支付系统，用途广泛，具有信息存储、电子钱包、安全密码锁等功能，安全可靠。英国西敏寺银行开发的电子钱包“Mondex”是世界上最早的电子钱包系统，于 1995 年 7 月首先在有“英国的硅谷”之称的斯文顿市试用，并被广泛应用于超级市场、酒吧、餐饮店、食品店、停车场、电话间和公共交通车辆之中。

（三）电子支付的法律关系

1. 电子支付法律关系中的主要当事人

（1）网络银行

网络银行具体可分为网上银行和虚拟银行。

网上银行属于传统银行业务的一种制度创新，即传统银行采用计算机技术与电子通信技术，通过国际互联网，把银行的业务直接在互联网上推出，为客户提供原来要在柜台操作的各种业务，电子支付几乎是其业务的全部。

而虚拟银行是银行体制上的一种制度创新，是只在虚拟网络环境中存在的银行。虚拟银行并不拥有存在于网络之外的独立的金融信息处理系统，它必须借助传统银行或专业网络服务商来完成具体的金融交易。

（2）认证机构

认证机构，是指在其营业中从事以数字签名为目的，而颁发与加密密钥相关的身份证书的个人或实体。认证机构以独立于认证用户（商家和消费者）和参与者（检验和使用证书的相关方）的第三方身份证明网上活动的合法有效性，其本身不从事商业业务，不进行网上采购和消费活动，并受国家政府部门的监督和管理。

（3）客户

电子商务中的客户通常包括消费者、生产企业和商家，他们可以被划分为：付款人，即在整个电子支付活动中第一个发出资金支付指令的人；收款人，即在整个电子支付活动中收取资金的受益人。

2. 电子支付当事人的权利和义务

电子支付的当事人大致可以分为三种：指令人、接收银行和收款人。

（1）指令人的权利和义务

指令人有权要求接收银行按照指令的时间及时将指定的金额支付给指定的收款人，如果接收银行没有按指令完成义务，指令人有权要求其承担违约责任，赔偿损失。

指令人有如下义务：一旦向接收银行发出指令后，自身也受其指令的约束，承担其指定账户付款的义务；在需要的情况下，不仅接受核对签名，而且在符合商业惯例的情况下，接受认证机构的认证；按照接收银行的程序，检查指令有无错误和歧义；有义务发出修正指令，修改错误或有歧义的指令。

（2）接收银行的权利和义务

接收银行有如下权利：要求付款人或指令人支付所指令的资金并承担因支付而发生的费用；拒绝或要求指令人修正其发出的无法执行的、不符合规定程序和要求的指令；只要能证明由于指令人的过错而致使其他人假冒指令人通过了认证程序，就有权要求指令人承担指令引起的后果。

接收银行有如下义务：按照指令人的指令完成资金支付；就其本身或后手的违约行为，向其前手和付款人承担法律责任。

（3）收款人的权利和义务

收款人具有特别的法律地位。在电子支付法律关系中，他虽然是一方当事人，但由于他与指令人、接收银行并不存在支付合同上的权利和义务关系，因此收款人不能基于电子支付行为向指令人或接收银行主张权利，收款人只是基于和付款人之间基础法律关系与付款人之间存在权利和义务关系。

3. 认证机构与用户之间的权利和义务

在电子支付过程中涉及认证法律关系的当事人可以概括地分为两类：一是认证机构；

二是参与认证的其他主体，包括付款人、收款人和银行，本书中统称为认证用户。

（1）认证机构的权利和义务

认证机构有如下权利：有权要求用户提供认证所必需的正确相关信息，并随时检查用户使用认证证书的情况，对认证过程中出现的异常情况有权加以干预并在必要时终止服务，以便于迅速排除异常情况；有权要求用户赔偿因其提供错误、虚假信息或非法使用认证机制而造成的损失。

认证机构有如下义务：制定严格的认证操作规则，规定包括安全控制规则在内的具体操作要求；建立定期审查制度；制定信息控制规则，发布可靠及时的认证信息，保证操作安全和信息安全。

（2）认证用户的权利和义务

认证用户的权利主要包括：检查证书本身的合法有效性；要求认证机构进行证书失效检查；通过其他方法确认证书的可靠性；要求认证机构保证 24 小时正常运行；就认证机构的原因造成的损失提出赔偿。

认证用户的义务包括：合法使用认证机制获得证书，开展电子商务活动；提供本身准确的相关信息；及时检查证书内容和信息；妥善保管好私人密码和密钥；及时汇报出现的问题，例如，密钥泄露、交易异常等现象。

（四）电子支付的法律责任

所谓法律责任，是指在电子支付法律关系中，由于一方当事人的过错或法律规定，而依法应当承担的法律后果，它包括民事责任、行政责任和刑事责任。本书主要探讨的是电子支付中的民事责任。

1. 归责原则的适用

（1）一般情况下，以过错推定责任为主，无过错责任原则为辅

首先，电子支付自身所固有的特点决定了应适用过错推定责任原则。电子支付的各个环节都涉及各种管理软件、大型服务器和互联网等先进技术，每个当事人所采用的硬件设备和管理软件都有可能不同，其内部运行结构和数据大多数涉及商业秘密，客户是很难知道和了解的。因此，如果要求受害人（大多数情况下是客户）去证明加害当事人的过错是十分困难甚至是不可能的。

其次，电子支付本身属于发展中的科学技术，所涉及的当事人都或多或少面临未知的风险，如果简单地适用无过错责任原则，在证明对方过错十分困难的情况下，被告将可能承担全部责任，这会影响各方当事人运用电子支付方式及采用新技术的积极性，不利于社

会的进步。

（2）无法查清过错和未经授权支付情况下的公平责任

适用公平责任，大体可以分为两种情况：一种情况是电子支付合同存在，但对于电子支付失误或失败而引起的损失却无法查清是哪一方当事人的过错引起的；另一种情况是所谓未经授权的支付，即是指由于欺诈或其他原因而依据非资金所有人的指令进行的电子支付。

2. **承担民事法律责任的方式**

（1）银行承担责任的形式

①返还资金，支付利息。如果资金划拨未能及时完成，或者到位资金未能及时通知网络交易客户，银行有义务返还客户资金，并支付从原定支付日到返还当日的利息。

②补足差额，偿还余额。如果接收银行到位的资金金额小于支付指示所载数量，则接收银行有义务补足差额；反之，则接收银行有权按照法律提供的其他方式从收益人处得到偿还。

③偿还汇率波动导致的损失。对于在国际贸易中，由于银行的失误造成的汇率损失，网络交易客户有权就此向银行提出索赔，而且可以在本应进行汇兑之日和实际汇兑之日之间选择对自己有利的汇率。

④赔偿其他损失。对由于银行的过错而造成客户的其他损失，在应当预见的范围内予以赔偿。

（2）认证机构承担责任的方式

①采取补救措施。如果认证机构出现管理漏洞、CA 方密钥泄露、用户注册信息泄露等问题，应立即采取有效措施，及时更正、修补出现问题的环节。

②继续履行。如果认证机构出现 CA 系统和设备问题而导致认证操作出现问题、发布失效信息或证书发布不完善的，认证机构在修复 CA 系统和设备后，应立即发布正确、有效、完整的认证证书，以正确履行其与用户之间的合同。

③赔偿损失。由于认证机构的过错而导致用户蒙受损失的，在应当预见的范围内，由认证机构予以赔偿。

（3）用户承担责任的方式

①终止不当行为，采取挽救措施。当用户发现银行执行指令出现错误，或发现认证机构发布的用户信息错误，或证书不完善时，应立即终止交易，并通知银行或认证机构修改错误。

②及时通知，防止损失扩大。当用户密钥丢失或泄露，或发现所发出指令或提供的信

息错误时，应及时通知接收银行或认证机构，以使接收银行或认证机构采取相应防范措施。

③赔偿损失。用户如果因其过错而造成其他当事人损失的，诸如密钥或个人信息泄露，非法使用证书、超限制额度交易而产生的损失，应当在可以预见的范围内予以赔偿。

第三节　网上银行与网络证券法律制度研究

一、网上银行法律制度

（一）网上银行的含义

网上银行，又称网络银行、在线银行、虚拟银行、电子银行。根据巴塞尔委员会的定义，网上银行是指那些通过电子通道，提供零售与小额产品和服务的银行。其业务应包括：存货、账户管理、金融顾问、电子账务支付，以及电子货币等其他电子支付产品与服务。

欧洲银行标准委员会将网上银行定义为：那些利用网络为通过使用计算机、网络电视、机顶盒及其他一些个人数字设备连接上网的消费者和中小企业提供银行产品服务的银行。

（二）网上银行法律风险的类型及防范

1. 网上银行法律风险的类型

法律风险是指违反或不遵守有关的法律、法规、规则、行业做法和伦理标准等带来的风险。巴塞尔委员会认为由于交易对象的法律权利和义务未能明确界定所产生的风险也属于法律风险，因此，这里所说的法律风险通常包括两方面的内容：一方面是私法方面的风险，即当事人之间权利和义务不明确所带来的风险；另一方面是监管方面的风险，即违反监管机构的规定，或有关的监管规定不确定带来的风险。

网上银行业务作为一种全新的金融创新，它所面临的法律风险将非常突出。一般而言，网上银行法律风险主要体现在如下几个方面。

①由于适用法律和规则不确定所带来的风险。网上银行作为一种全新的金融服务方

式，现存的法律如何适用，是否需要新的法律加以调整都是一件非常不确定的事。银行为更广泛地拓展业务范围，可能会故意或非故意地与现有法律产生偏差，在有关客户、反洗钱、签名等需要遵守的合规性条例规定不明确的情况下，在发生纠纷时，有关权利和义务的划分和责任的承担不明确，银行也可能因此招致司法和监管惩罚。

②洗钱问题。网上银行的电子货币系统可能被用来从事洗钱等犯罪活动。现有的有关洗钱的法律对银行施加了较多的义务，比如，银行有义务了解自己的客户，必须对有关交易进行记录等。有的电子货币模式没有有关的记录和检查追踪设备，对电子货币币值的转移没有限制，这可能会违反现有的洗钱方面的法律，因此利用电子货币系统从事洗钱活动可能会使银行遭受法律处罚。

③对客户信息披露不足。客户没有被明确告知纠纷解决程序以及相应的责任和义务，没有被明确告知网上银行业务的操作程序而使自己操作失误导致损失，客户可能采取起诉银行等措施给银行造成不良影响和其他成本。

④未能有效保护客户隐私。银行在没有征得客户许可的情况下泄露客户交易、账户等信息，或未对客户信息采取有效的保护措施，客户可能因此采取起诉等手段造成银行声誉、财产等多方面的损失。

⑤银行与链接网络产生问题。银行将其互联网网页同提供附加产品和服务的网站相链接，而那些网站却未能如期或如约为银行客户提供服务或产品，招致客户对银行的起诉。

⑥证书授权风险。一些不法分子可能会利用伪造的证书以银行的名义销售给客户，受骗的客户可能起诉银行。

⑦国外司法管辖风险。银行通过国际互联网吸引国外客户，必须遵守不同国家的法律规定，银行发售的电子货币也可能在注册地以外的地方流通，必须遵守该地方的法律，否则可能招致意想不到的损失。

2. 网上银行法律风险的防范

我国涉及计算机和网络的立法还相对滞后，有关网络金融的法规更是少得可怜，网上银行这一新生事物还缺乏与之相配套的法律依据。面对我国有关网上银行的立法现状，我们没有理由不为网上银行的法律风险担忧。因此，为保障网上银行的健康发展，必须尽快制定能适应网上银行发展的相关法律。

（1）明确网上银行业务各方当事人之间的法律关系

对于网上银行各方当事人的基本法律关系，尽管网上银行内容丰富，表现各异，但其基本关系多表现为网上资金支付、结算关系。在这一过程中，涉及银行客户、银行、网络服务商三方当事人，涉及三方面的法律关系：其一是银行与银行客户之间的网上银行服务关系；其二是银行与网络服务商之间的网络信息传递服务关系；其三是网上银行客户与网络服务商之间的关系。对于金融监管当局，除了普通民事关系以外，应特别予以明确的是监管与被监管的关系，而这种监管与被监管的关系是通过监管机关制定相应的监管法规予以体现的。

因此，要对网上银行业务进行法律规范，明确网上银行业务各方当事人之间的法律关系，包括客户身份的认证、电子合同的法律效力、交易错误和系统故障的调查和处理机制。

（2）完善电子资金结算的法律规范

网上银行业务中一个重要支撑点便是电子资金的结算，因此，应完善电子资金结算的法律规范。随着世界范围内银行的结算系统向机械化、电子化的方向发展，众多国家建立了电子资金结算系统，为大额资金的实时转账提供了极大便利。随着互联网与银行结算系统的联系日益密切，结算系统的风险也日益扩大。当出现某种形式的故障使结算发生故障时，如何解决争议，将是电子资金结算参与各方十分关注的问题。因此应加强对电子资金结算的立法，以防止给电子资金结算系统的安全性和效率性带来危害。

（3）明确事故、故障造成损失时当事人的责任分担问题

网上银行业务的正常开展对服务系统的依赖性极强，网络系统的事故和故障引发的法律责任的追究是银行和客户均极为关注的问题。我国立法尚未就此问题做出法律规定，我们认为应当根据银行与客户之间的权利和义务关系确定其相应的法律责任，并要体现对消费者权益的保护。因为网上银行的特点就是高效率、低成本，客户通过网上银行进行交易的目的是为了便捷和迅速，而且银行处于控制技术风险的有利位置，所以，必须遵循保护消费者利益的原则。

（4）注意客户隐私的保护问题

为减少利用电子货币进行洗钱和其他犯罪活动，监管机构采取了建立中央数据库对电子交易进行全面记录和跟踪的监管措施。对数字现金这种匿名性较强的电子货币，要对其进行监管和调查只能是了解加密的密钥，这样才能解密有关信息，这也同样产生了对私人密钥如何进行管理以及有关机构在什么情况下才能获得私人密钥等问题。这两种情况都会引起对客户私人信息如何进行保护的问题。当然，对私人信息的保护也不应该绝对，否则就会给洗钱以及其他形式的犯罪提供保护伞。在必要的时候，应允许公共部门在一定的条件下获得交易记录或私人密钥。

（5）明晰网上银行交易纠纷的管辖权

传统私法有关管辖权的理论在网上银行业务中显得不适用了，诸如当事人的国籍、住所、物质所在地、行为地、履行地等在网上交易中并不一定有必然的、真实的联系。因

而，解决管辖权冲突应从如下几方面来进行。

①应肯定当事人对法院选择的自主权，因为法院的选择毕竟也是当事人自由处分权利的体现。这种选择有赖于当事人的合意。

②当事人未做选择时，须根据当事人之间的交易特点来决定，并应优先考虑银行所在地法院的管辖，因为银行在交易中始终处于主导地位，而且银行的所在地相对稳定且易于确定。如果银行机构为纯网上银行，则可以根据银行申请注册网址所在地来确定银行的所在地。

③为防止有关国家的重大利益不受损害，该相关国家的法院也可根据公共秩序保留的原则来拒绝当事人自主选择的法院。

事实上，网上银行交易的跨国性特点，决定其仅仅依靠国内立法是不能很好地解决管辖权冲突的，有必要加强国际合作。

二、网络证券法律制度

（一）网上证券的概念

证券一般指有价证券，它是用来证明证券持有者有权按其所载明的内容取得相应权益的凭证。传统的证券存在形式总是一种有形的实物凭证形式，一般为纸质凭证。随着电子信息技术的发展，有形的实物证券开始走向无形化，证明股权关系的股票和债权关系的债券不再是实物凭证，而变成了电子符号。这种没有实物凭证的股权关系和债权关系被储存在电脑中，以电子符号的形式证明发行人和持有人之间的权利和义务关系，这样的证券被称为电子证券。电子证券进入互联网交易时，也称为网上证券。

（二）网上证券委托法律关系

投资者必须先与特定的证券公司办理网上证券委托手续才能进行网上交易。

网上委托法律关系的主体为投资者和经核准的证券公司。证券公司是网上证券交易服务的提供者和主导者；投资者是接受服务，在网上买卖证券的当事人。网上委托法律关系的客体为提供网上委托服务的行为，内容即主体所应享有的权利和承担的义务。

1. 投资者的权利

投资者享有的权利包括：

①所有合法投资者都有权平等享有证券公司提供的网上委托服务。

②投资者作为接受服务的消费者，享有知情权、选择权、交易安全权、受损求偿权等消费者应享有的权利。

2. 投资者的义务

投资者承担的义务包括：

①必须由本人亲自办理相关手续，不能代理。

②按照网上交易规则进行交易。

③保护交易密码、网上登录密码等信息。

3. 证券公司的条件和义务

证券公司作为网上委托服务的提供者，应具备的条件及其承担的义务包括：

①业务规范方面。证券公司在为投资者办理网上委托相关手续时，应要求投资者提供身份证明原件，并向投资者提供证实证券公司身份、资格的证明材料。

②技术规范方面。证券公司必须自主决策网上委托系统的建设、管理和维护。

③信息披露方面。证券公司应提供一个固定的互联网站点，作为网上委托的入网口，并在入口网站和客户终端软件上进行风险揭示。

证券公司违反有关规定的，中国证监会将视情节轻重，处以警告、没收违法所得、罚款、暂停网上委托业务等处罚；情节严重的，吊销网上委托业务许可。

（三）网络证券法律制度中存在的问题

1. 银证转账法律问题

银证转账，是指证券投资者通过互联网或电话等方式，在其证券资金账户和银行账户之间直接划转资金。银证转账可以给投资者带来极大方便，提高市场效率，目前大多数证券公司都向投资者开展这一业务。投资者持有与证券公司合作的银行发行的信用卡或储蓄卡，通过互联网或拨打银行、证券公司提供的电话号码，按指令操作，就可以在证券账户和银行账户之间划转资金。银证转账必须由银行与证券公司合作完成。由于银行与证券公司的合作仅限于技术合作，转账指令由客户发出，因此银证转账并不违反银证分业经营的现行法律规定。但根据分业经营的原则，需要隔离证券交易和商业银行业务的风险。为了防止网上交易的数据受到非法窃取或改动，以致通过网络将非法收益转入银行账户，开展网上委托业务的证券公司能直接向客户提供网络或电话形式的转账业务。采用网上交易方式的投资者，可以使用商业银行提供的银证转账服务。银证转账中设计的电子资金划拨主体的行为及其法律责任亟须立法加以规范。

2. 网上交易的管辖权和准据法的确定问题

合同纠纷的管辖权，一般依据被告住所地或合同履行地或双方当事人约定原则确定。但网上证券交易如发生纠纷如何确立管辖地比较困难。因为网上交易中当事人并不知道买卖证券的对方是谁，也不可能约定管辖法院，所以难以适用被告所在地或当事人约定原则。由于互联网没有地域限制，合法投资者可以在任何能上网的地方在线完成交易，因而也很难判断合同的履行地。

由于互联网是不存在国界的，如果投资者在国外发出交易指令，而两国的法律对此有不同规定，发生纠纷时，即使管辖权已明确，还存在确定准据法的问题。在国际民事诉讼中，一般是根据“意思自治原则”和“最密切联系原则”来确定准据法。但在网上证券交易中交易双方根本不可能知道对方是谁，而且交易是由电脑自动撮合完成的，当事人在交易时也不会考虑应适用哪国法律，所以“意思自治原则”很难在网上证券交易中适用。互联网无时间、空间限制，也难以适用“最密切联系原则”。现阶段解决管辖权冲突和准据法的确定问题，较为可行的办法是各国对本国的国内法加以必要的修正，主要是对相应的民事诉讼法规范和冲突法规范进行调整，同时加强国际合作，针对互联网的特性签订国际条约，制定全球统一的冲突法规范甚至全球统一的实体法规范。

3. 网上证券交易安全及保险法律问题

投资者对网上证券交易安全问题的顾虑尤为重要。对技术而言，没有绝对安全的网络，即使是具有高超专业技术的美国 IT 企业的网站都不能完全保证自己的安全；另外，投资者在网上进行证券交易的过程中一旦发生问题，无法得到营业部的直接支援和帮助。这已成为影响网上证券快速发展的主要因素。

目前对于网上证券的安全，我国绝大多数证券公司一方面通过展示防火墙、数字证书、加密等技术证明自己网络的安全性；另一方面却要求投资者在与证券公司签订开展网上交易的申请书或协议书时，统一在由于网络堵塞、中断或黑客入侵等造成意外损失或不能及时进行正常交易时，免除证券公司的法律责任。相对于证券公司来说，网上交易的投资者处于弱者的地位，投资者对自己的损失难以寻求法律救济。当然，网上证券交易的投资者作为合同的一方当事人，可以引用《合同法》中的关于“定式合同条款的解释发生争议时应作出不利于制定合同一方当事人”的条款，但投资者在发生损失以后难以对损失的原因进行举证。

第四节　网络金融法律实务研究
——以网络银行监管为例

一、网络银行的监管方式与规则

针对网络银行面临的法律风险，欧美一些主要国家一般采取两种方式解决监管问题。首先是建立一个专门的工作机构或小组，负责及时跟踪、监测包括网络银行在内的电子金融业的发展情况，适时提出一些指导性建议。其次是现有监管机构根据网络银行的发展状况，修改那些基于拥有实际经营网点的银行经营模式而制定的、又无法延伸到数字和网络经济中的原有规则，同时制定一些新的监管规则和标准。

总的来看，监管方式采用的仍是以原有监管机构和监管范围的划分为主，一般不建立新的机构，但由此加大了监管机构之间、监管机构与其他政府部门之间的协调难度。目前，监管当局普遍关注的问题还只是如何为保证网络银行客户的正常交易提供一个安全的环境，监管的出发点以保护消费者的利益为主。

针对网络银行制定的新的规则或指导性规范主要包括：

①市场进入。大多数国家都对设立网络银行有明确的要求，需要申报批准。这些要求一般包括：注册资本或银行规模；技术协议安全审查报告；办公场所与网络设备标准；风险揭示与处置规划；业务范围与计划；交易记录保存方式与期限；责任界定与处理措施等。其中，对于网络分支银行，一般还要求其母行承担相应的承诺。

②业务扩展。包括两方面的内容：一是业务范围，除了基本的支付业务外，是否以及在多大程度上允许网络银行经营存贷款、保险，证券、信托投资，以及非金融业务、联合经营等业务，所采用的竞争方式等；二是对纯网络银行是否允许其建立分支或代理机构等。

③日常检查与信息报告。一般都要求网络银行接受各监管机构的日常检查，除资本充足率、流动性等检查以外，还包括交易系统的安全性、客户资料的保密与隐私权的保护、电子记录的准确性和完整性等检查。除此之外，对网络银行普遍要求建立相关信息资料、独立评估报告的报告备案制度。

二、网络银行的监管内容

金融监管当局对网络银行的监管，也主要体现在对网络银行推出的虚拟金融服务的价格进行监管。但是，目前政府对虚拟金融服务价格几乎不存在监管的机会，因为虚拟金融服务不会涉及大多数消费者的公共利益，只是涉及部分网民的利益。这部分网民的利益在政府的其他考虑保护的社会公共利益面前，几乎是微不足道的。

政府对网络银行的监管可以分为两个层次，一个是企业级的监管，即针对商业银行提供的网络银行服务进行监管；另一个是行业级的监管，即针对网络银行对国家金融安全和其他管理领域形成的影响进行监管。

（一）企业级的监管内容

在实际操作中，现阶段政府监管当局对网络银行的监管，主要体现在七个带有全局性的具体问题上，包括加密技术及制度、电子签名技术及制度、公共钥匙基础设施（PKI）、税收中立制度、标准化、保护消费者权益，以及隐私及知识产权保护。金融监管当局对网络银行业务的监管可以划分为三个层次。一是对网络银行安全性能的监管，包括对公共钥匙基础设施（PKI）、加密技术及制度和电子签名技术及制度的监管，如政策允许在国内使用任何高密度的加密技术，无密钥匙恢复的强制要求，以及为企业和消费者提供关于电子记录的数码签名法律框架等。目前，西方国家中只有美国对国内加密技术实施管制，国会继续加紧处理与加密技术管制相关的若干提案，其中，众议院的提案包括重新审议“通过加密实现安全与自由法案的”的五个版本，参议院则审议 MaCain-Kerrey 法，即“保密公用网络法案”。二是向企业和各级政府部门提供电子商务和网络银行的国内及国际标准化框架和税收中立制度，对网络银行的标准化水平进行监管，以实现全国各商业银行之间电子信息的互联互通。对网上交易采取税收中立政策，免征网上交易税，促进民族电子商务的发展。三是对消费者的权益进行监管，避免网络银行利用自身的隐蔽行动优势向消费者推销不合格的服务或低质量高风险的金融产品，损害消费者利益。这主要包括保护消费者的隐私权及维护知识产权在网络中不会受到侵犯，同时也广泛地保护网上交易的消费者权益。为此，监管部门需要向企业和消费者权益保护组织提供保护网上交易消费者的非强制性商业指导规则。

（二）行业级的监管内容

网络银行的行业级的监管内容包括：

①网络银行对国家金融风险和金融安全，乃至国家经济安全的影响的评估与监管。主要针对网络银行风险对国家金融风险形成的影响及程度的评估，确定金融监管当局对网络银行各种虚拟金融服务品种的监管内容。例如，对西方国家中各种敌视中国或反华势力建立的金融网站采取屏蔽措施，抵制它们的非法网络入侵。

②对网络银行系统风险的监管，包括对产生系统风险的各种环境及技术条件的监管，特别是系统安全性的监管，如对“千年虫”的监管等。

③对借用网络银行方式进行非法避税、洗黑钱等行为的监管。无论是在互联网上还是在私营网络上的网络银行，都面临着安全问题。然而，政府管制又涉及避税、洗黑钱等问题。基于这些理由，政府监管部门坚持反对私人采用牢固的电子加密方式保护网站的安全。但是，政府监管当局又不能普遍向它们认为合法的网站提供安全性高的加密技术援助。

④对利用网络银行方式进行跨国走私的活动、非法贩卖军火武器的活动，以及贩卖毒品等活动进行监管。

⑤对利用网络银行方式非法攻击其他国家网络银行的电脑黑客网站，以及其他国际犯罪活动进行监管。

⑥对利用网络银行方式传输不利于本民族文化和伦理道德观念的信息进行监管。

随着网络银行的发展，特别是随着网络银行提供的支付系统在国民经济中发挥着日益显著的作用时，金融监管当局对网络银行的监管内容还会不断增加。

三、网络银行的监管措施

像金融监管当局对其他金融服务品种或领域的监管措施那样，金融监管当局对网络银行的监管，也主要从两方面加强监管，即建立健全相应的法律和司法制度，不断形成创造性的具有替代效应的实施手段。

（一）建立健全相应的法律和司法制度

建立健全相应的法律和司法制度有两层含义，一是建立和健全各种相关的网络银行法律及管制措施；二是形成确保这些法律及管制措施得以执行的可以信赖的执法系统。

中国国内网络银行采用的基本上是类似会员守则这样的协议来约束客户的行为。网络银行首先向客户说明其权利和义务，以及与银行的关系，协议的签署以客户自愿为原则，这种协议没有真正的法律约束力，因此，一旦出现纠纷，只要诉诸法律，就增加了网络银行的市场风险水平。此外，在网络银行的系统风险依然很高的情况下，缺乏相应的法律保护，意味着将银行、客户及运营网络的第三方都置于风险之中，进一步增加了执法的难度。

当前，中国已经在新的《合同法》中承认电子合同与纸张式的书面合同具有同等的法律效力，但是数字签名的技术问题及相应的制度还没有解决或建立起来。这样，按照现有中国的法律制度，数字签名不具有法律效力，还必须在纸张上签名才具有法律效力。然而，美国和新加坡等国家已经明文规定数字签名与手写签名具有同等的法律约束力，从而使当地的虚拟金融服务市场得到一个被法律有效保护的发展空间，并不断创造出新的虚拟金融产品。

在网络银行的破产、合同执行情况、市场信誉、银行资产负债情况和反欺诈行为等方面，政府制定的网络银行法或管制条例可以起到一定的作用，但是有效的网络信息市场上的信息披露制度能够将各种可能诉诸法律的事件降低到相当低的水平。因此，在政府制定的各种法律及管制措施中，对违规的网络银行的惩罚莫过于在互联网上公布其“劣迹”，这将是管制当局对违规网络银行的最高惩罚之一。

（二）不断形成创造性的、具有替代效应的实施手段

拥有强有力的法律制度做保障，可以比较有效地达到监管当局的监管目标，但是，如果能够在法律措施的基础上，再加上不断形成创造性的具有替代效应的实施手段，将会使金融监管当局对网络银行的监管取得更好的效果。

金融监管当局可以创造出多种监管方式，如在网络上采取“制定规则，然而警察巡逻抽查”的方式，对网络银行的运行状况及是否“违规”进行抽查，一旦“抓”到后，则按照规则“重罚”。或者要求网络银行定期通过电子邮件向监管当局发送“汇报”文件，或者监管当局随机对同站进行抽样调查等。无论是哪种监管方式，都需要围绕一个中心问题来设计，就是针对网络市场上的严重的信息非对称问题来设计。从传统的柜台式的金融服务，到电子化的 ATM 金融服务，到互联网上的虚拟金融服务，都需要有不断创造的信息披露方法来维持有效的信息监管。网络银行监管的一个基本观念是通过制度的安排使网络银行“自觉地”在被监管的平台上履行职能并确保履约。

监管当局可以充分利用经济体系中各个利益集团之间的矛盾创造出多种有效的监管效果。例如，利用网络银行之间的竞争者地位对其他竞争者进行监管，利用消费者集团对网络银行的服务质量及价格进行监管，利用独立的市场调查公司或会计咨询公司对网络银行的服务进行监管，等等。

第七章 金融犯罪法律制度与实务研究

第一节 金融犯罪概述

一、金融犯罪的分类

在刑法中，金融犯罪是一类相对独立的系列罪名，对其所包含的具体罪名按不同标准进行分类，对多角度透视金融犯罪的特点和手段，全面认识金融犯罪的发案领域和危害表现以及金融犯罪的复杂性、隐蔽性和行业性，具有积极意义。

《刑法》以犯罪行为侵犯的客体为标准，将金融犯罪分为破坏金融管理秩序罪和金融诈骗罪两大类，这是法定的分类。结合司法实践，还可以按照其他标准进行分类。

按照犯罪手段的不同，可以把金融犯罪分为四大类：①欺诈型金融犯罪。这类犯罪以虚构事实、隐瞒真相为行为特征，犯罪手段多以金融票据和其他信用工具为媒介，骗取银行信用和财产。具体指第一百九十二条至第一百九十八条所规定的 8 种金融诈骗罪。②伪造、变造型金融犯罪。包括伪造货币罪，变造货币罪，伪造、变造、转让金融机构经营许可证、批准文件罪，伪造、变造股票、公司、企业债券罪，伪造、变造国家有价证券罪，伪造、变造金融票证罪。这类犯罪行为指向的对象不同，危害的金融秩序具体方面不同，但行为手段均为伪造或变造，具有行为特征上的共性，因而构成一种类型。③渎职型金融犯罪。特指金融业务渎职犯罪，包括第一百八十五条至第一百八十九条所规定的各种犯罪。④其他类型。

包括上述几种类型犯罪之外的金融犯罪，有如擅自设立金融机构罪、洗钱罪、骗购外汇罪、逃汇罪等。

以行为侵犯的金融管理秩序的具体方面为标准，可以把金融犯罪分为六类：①妨害货币管理的犯罪，包括第一百七十条至第一百七十三条所规定的犯罪；②危害金融机构管理制度的犯罪，包括第一百七十四条至第一百七十六条所规定的各种犯罪；③妨害金融票证管理的犯罪，包括第一百七十七条至第一百八十二条所规定的各种犯罪；④金融机构工作人员违反业务操作规定的犯罪，包括第一百八十六条至第一百八十九条所规定的各种犯罪；⑤妨害外汇管理和利用金融机构掩盖犯罪收益来源及性质的犯罪，包括第一百九十条、第一百九十一条之罪以及《关于惩治骗购外汇、逃汇和非法买卖外汇犯罪的决定》第一条所规定的骗购外汇罪；⑥骗取银行信用和侵犯财产的犯罪，包括第一百九十二条至第一百九十八条所规定的各种以占有、侵吞财产为目的的犯罪。

二、金融犯罪的客体

所谓金融犯罪的客体，是指金融犯罪行为所侵犯的而为我国《刑法》所保护的社会关系。那么，这种社会关系究竟是什么呢？通过金融犯罪诸罪名不难发现，金融犯罪侵犯的客体主要有两大类，即金融管理秩序和财产所有权。

金融是指货币资金的融通，这种融通是一个有序的动态过程，其有序性必须通过金融法律规范的调整来实现，从而最终形成科学的、有序的金融管理秩序。显而易见，为金融法律法规所规范和调整的秩序就是金融管理秩序。而金融犯罪恰恰是违反金融法律法规、侵犯金融管理秩序的行为，因而，应受到刑法的追究。金融犯罪所侵犯的金融管理秩序，内容十分广泛，包括货币管理制度、金融机构管理制度、金融票证管理制度、外汇管理制度、保险管理制度，等等。无论是何种金融犯罪，都会侵犯一定的金融管理秩序。

金融犯罪除侵犯金融管理秩序外，有些犯罪行为还会侵犯一定的财产所有权。如集资诈骗罪，该罪以非法占有为目的，一旦其犯罪目的得逞，为其所非法集资的公私财物就会被犯罪分子所非法占有，从而侵犯了国家、集体和个人的财产所有权。根据《刑法》的规定，既侵犯金融管理秩序，又侵犯公私财产所有权的，主要是金融诈骗罪。

金融犯罪的对象，即金融犯罪行为所指向的人或物，明显区别于其他经济犯罪和财产犯罪而显现出鲜明的特定性。作为金融犯罪对象的人，包括自然人和单位。其中，自然人可以是普通公民，但更多情况下是金融机构的工作人员；作为金融犯罪对象的单位，通常是金融机构。作为金融犯罪对象的物，一般是指货币、金融票证、信用证、信用卡等信用工具。

金融犯罪对象在金融犯罪中具有特殊的意义。金融犯罪之所以是金融犯罪，从某种意义上说，正是因为它以金融为特定对象，即以金融工具和与金融有关的机构、人为特定对象。有些金融犯罪，是以特定的金融工具为对象要件，如各种伪造、变造型金融犯罪（伪造货币罪，伪造股票、公司、企业债券罪，伪造国家有价证券罪，伪造金融票证罪等）、各种金融票据、票证诈骗罪（如信用证诈骗罪、信用卡诈骗罪、票据诈骗罪、有价证券诈骗罪等）；还有些金融犯罪，是以特定犯罪所得为对象要件，如洗钱罪必须是针对毒品犯罪、走私犯罪、黑社会性质的组织犯罪等的违法所得及其产生的收益实施的各种洗钱行为，才构成洗钱罪；非法吸收公众存款罪的对象必须是“公众存款”；内幕交易罪的对象必须是“内幕信息”；逃汇罪的对象必须是外汇；等等。可见，把握金融犯罪的对象，对认定金融犯罪具有重要意义。

三、金融犯罪的客观方面

所谓金融犯罪的客观方面，是指构成金融犯罪各种客观事实的总和，在金融犯罪构成诸要素中处于核心地位。金融犯罪的客观方面主要有以下具体表现。

（一）违反金融管理法规

金融犯罪属法定犯罪，构成犯罪以违反有关法律法规为前提。金融犯罪行为的违法结构具有专业性和复杂性两个特点，其专业性表现在所违反的法律法规都是关于金融管理和金融业务活动的规定，如《中国人民银行法》《商业银行法》《票据法》《证券法》等；其复杂性表现在所违反的法律法规既有国家立法，也有国家有关部门的行政法规、条例、决定等，还由银行内部业务操作性决定；既涉及货币、金银、外汇、证券、期货方面的管理规定，也包括金融业务方面的管理与操作规定。这些法律规定数量大，涉及环节多，体系繁杂。

（二）是一种以伪造、变造、诈骗等手段从事的非法金融活动

金融犯罪既然是一种违反金融管理法规的行为，那么，其行为必然表现为非法的金融活动；当这种行为又同时触犯了刑律时，就构成金融犯罪。金融犯罪行为的表现形式多种多样，概括起来主要有以下几种。

1. 诈骗

诈骗是指采取虚构事实或隐瞒事实真相的手段，使他人发生认识上的错误，从而上当受骗。在金融犯罪中，绝大多数犯罪是以欺诈为手段的，集中表现在金融诈骗罪中。金融诈骗罪是从普通诈骗罪中分离出来的，两者之间虽然存在特殊法与普通法之间的法条竞合

关系，但它们无论在性质上还是在表现形式上都存在一定的差别。与普通诈骗罪相比较，金融诈骗罪具有以下特点：①客体的双重性。金融活动是以高度的信用为基础的，信用是金融的生命，而金融诈骗罪违背诚信原则，扰乱了金融秩序；另外，金融活动又与金融利益息息相关，财产所有权是金融利益的内核，而金融诈骗罪以非法占有为目的，因而必然又同时侵犯财产所有权。②手段的特殊性。金融诈骗采用的是特定的方法，如贷款诈骗是借贷款之名行非法占有贷款之实，信用证、信用卡诈骗是利用信用证、信用卡这种现代金融活动工具进行诈骗等。由于金融管理制度甚为严密，因而金融诈骗更具隐蔽性，是一种高智能的犯罪。③影响的广泛性。金融诈骗是以不特定的人或物为侵害对象，影响面十分广泛。如集资诈骗，被骗者是不特定的社会公众，可能涉及成千上万的人，而且还可能出现跨国金融诈骗。④后果的严重性。普通诈骗罪通常所骗取的数额是有限的，而金融诈骗所涉及的数额是普通诈骗难以企及的，后果是十分严重的。

2. 伪造、变造

伪造、变造是金融犯罪的另一重要手段。根据《刑法》规定，伪造货币罪，变造货币罪，伪造、变造金融票证罪，伪造、变造金融机构经营许可证、批准文件罪等的犯罪手段均为伪造、变造。

3. 其他行为

包括出售、购买、使用、运输、持有、换取、内幕交易等行为。值得注意的是，以持有手段而构成的持有型犯罪，是金融犯罪中的一个特殊类型。

（三）会造成刑法所规定的危害后果

《刑法》规定的金融犯罪，基本上分为行为犯、数额犯、情节犯和结果犯，即要求实施一定的行为，或者造成严重后果，或者达到数额较大，才构成犯罪，如伪造、变造股票、公司、企业债券罪，伪造、变造国家有价证券罪，高利转贷罪，操纵证券、期货市场罪，违法发放贷款罪以及各种金融诈骗罪。

四、金融犯罪的主体

所谓金融犯罪的主体，是指实施金融犯罪行为，依法对自己罪行负刑事责任的人。根据《刑法》的有关规定，金融犯罪主体包括自然人和单位两种。

（一）自然人

自然人主体是一个具有犯罪意识，由体力和脑力、知识和经验、感情和意志诸要素组成的有机整体。金融犯罪自然人主体可分为一般主体和特殊主体。

1. **一般主体**

一般主体是指实施了犯罪行为，达到了法定刑事责任年龄，具有刑事责任能力的自然人主体。根据《刑法》规定，大部分金融犯罪可由一般主体构成，如伪造货币罪，出售、购买、运输假币罪，持有、使用假币罪，变造货币罪，擅自设立金融机构罪，伪造、变造、转让金融机构经营许可证、批准文件罪，高利转贷罪，非法吸收公众存款罪，伪造、变造金融票证罪，伪造、变造国家有价证券罪，伪造、变造股票、公司、企业债券罪，擅自发行股票、公司、企业债券罪，编造并传播证券、期货交易虚假信息罪，操纵证券、期货市场罪，洗钱罪，集资诈骗罪，贷款诈骗罪，金融票据诈骗罪，金融凭证诈骗罪，信用证诈骗罪，信用卡诈骗罪，有价证券诈骗罪，等等。

2. **特殊主体**

特殊主体是指除了具有一般主体所要求的成立要件外，还必须具有金融犯罪所要求的特定身份作为其构成要件的自然人主体。根据《刑法》规定，金融犯罪自然人特殊主体主要是指金融机构的工作人员，其所构成的金融犯罪主要是：金融机构工作人员购买假币、以假币换取货币罪，内幕交易、泄露内幕信息罪，利用未公开信息交易罪，诱骗投资者买卖证券、期货合约罪，违法发放贷款罪，吸收客户资金不入账罪，违规出具金融票证罪，对违法票据承兑、付款、保证罪，等等。以上各罪主体均须为银行或其他金融机构的工作人员。

（二）单位

单位可以成为金融犯罪的主体，是金融犯罪的一个重要特点。所谓单位犯罪，是指公司、企业事业单位、机关、团体，为了其单位的整体利益，集体或者由其主要负责人决定，通过其直接负责的主管人员和其他直接责任人员实施的、为《刑法》所禁止的、危害社会的行为。根据《刑法》规定，单位金融犯罪主要包括擅自设立金融机构罪，伪造、变造、转让金融机构经营许可证、批准文件罪，高利转贷罪，骗取贷款、票据承兑、金融票证罪，非法吸收公众存款罪，伪造、变造金融票证罪，伪造、变造国家有价证券罪，伪造、变造股票、公司、企业债券罪，擅自发行股票、公司、企业债券罪，内幕交易、泄露内幕信息罪，编造并传播证券、期货交易虚假信息罪，诱骗投资者买卖证券、期货合约罪，操纵证券、期货市场罪，背信运用受托财产罪，违法运用资金罪，违法发放贷款罪，吸收客户资金不入账罪，违规出具金融票证罪，逃汇罪，骗购外汇罪，对违法票据承兑、付款、保证罪，洗钱罪，集资诈骗罪，票据诈骗罪，金融凭证诈骗罪，保险诈骗罪，等等。

上述单位金融犯罪，也可分为一般单位犯罪和特殊单位犯罪。有的金融犯罪只能由特殊单位构成，如违法发放贷款罪的单位主体只能是银行或其他金融机构；有的金融犯罪既可以由自然人构成，也可以由单位构成，如非法吸收公众存款罪、集资诈骗罪等，这类金融犯罪数量居多；有的单位金融犯罪只能是金融机构所为；有的则既可以由金融机构构成，也可以由一般单位主体构成，如擅自设立金融机构罪、转让金融机构经营许可证罪、非法吸收公众存款罪等。

值得强调的是，金融犯罪主体中的单位，既可以是法人单位，也可以是非法人单位。因此，单位金融犯罪不等同于法人金融犯罪。法人单位成为金融犯罪的主体自不必论，非法人单位能否成为金融犯罪的主体以及哪些非法人单位可以成为金融犯罪的主体，在过去存在不同的看法。对于非法人单位能否成为金融犯罪的主体，理论界认识不同，实践中做法各异；1997 年《刑法》颁布之后，由于使用了“单位犯罪”的表述方法，结束了对这一问题的争论，使非法人单位置于金融犯罪法律法规的规范之内。至于哪些非法人单位可以成为金融犯罪的主体，关键是看该单位是否具有对外经营活动权。所谓对外经营活动权，是指单位对自己的人、财、物所具有的相对独立的支配权，以及对外所具有的独立缔结经济合同的能力。如果该非法人单位具有这种对外经营活动权，在经营活动中进行了金融犯罪活动，那么，它就可以成为金融犯罪的主体；否则，就不能按单位犯罪处理。以下两种情况不属于金融犯罪主体的单位：一是不具备对外经营活动权的单位内部下设的部门；二是虽有单位名称，挂了单位牌子，即徒具单位形式，实为个人实施的，不属于单位犯罪。对于这两种情况，均应按自然人犯罪追究刑事责任。

五、金融犯罪的主观方面

所谓金融犯罪的主观方面，是指金融犯罪主体在进行金融犯罪活动时所持的心理态势，主要表现为其对所实施的危害行为和危害结果所抱的心理态度，即通说的罪过形式。《刑法》中的罪过形式有两种，即故意和过失。

金融犯罪在主观方面出于故意，这是毫无疑义的。但对于过失是否构成金融犯罪，间接故意是否构成犯罪，在 1997 年《刑法》颁布之前，是存在认识分歧的。对于第一个问题，具有代表性的观点认为，金融犯罪属于经济犯罪，经济犯罪是故意犯罪，那么，金融犯罪当然只能由故意构成。但随着《中国人民银行法》的颁布和《决定》的出台，金融犯罪罪名增多，罪过形式也发生了相应的变化，过失可以构成某些金融犯罪已为《刑法》立法所肯定。根据《刑法》规定，第一百八十六条违法发放贷款罪、第一百八十八条违规出具金融票证罪和第一百八十九条对违法票据承兑、付款、保证罪均可由过失构成。对于第二个问题，有观点认为，金融犯罪属牟利性犯罪，行为人主观上该出于一定的目的，并积极追求某种犯罪结果的发生，不存在对危害结果持放任态度的间接故意，所以，金融犯罪只能由直接故意构成。而事实上，金融犯罪在客观上存在犯罪主体虽不希望危害结果的发生但却放任犯罪结果发生的特定情况，因而金融犯罪可以由间接故意构成。《刑法》第一百八十六条违法发放贷款罪中的行为人对造成的损失的心理态度有两种：一是轻信可以避免造成损失，从而构成过于自信的过失犯罪；二是对可能造成的损失持放任的态度，从而构成间接故意犯罪。《刑法》中可以由间接故意构成的金融犯罪还有第一百八十七条吸收客户资金不入账罪、第一百八十八条规定的违规出具金融票证罪、第一百八十九条规定的对违法票据承兑、付款、保证罪。从《刑法》的规定可以看出，绝大多数金融犯罪由直接故意构成，少数金融犯罪由过失和间接故意构成，过失和间接故意构成的金融犯罪多属金融机构工作人员的渎职犯罪。

关于金融犯罪的罪过内容，《刑法》对各罪的要求不同，尤其对某些故意犯罪，规定了特别的主观要件：

①以“明知”为特别要件，即对某些金融犯罪的构成，要求行为人必须以“明知”某种事实为要件。这类罪名有：第一百七十一条运输伪造的货币罪，必须“明知是伪造的货币而运输，数额较大”；第一百七十二条持有、使用假币罪，必须“明知是伪造的货币而持有、使用，数额较大”；第一百九十一条洗钱罪，必须“明知是毒品犯罪、黑社会性质的组织犯罪、恐怖活动犯罪、走私犯罪、贪污贿赂犯罪、破坏金融管理秩序犯罪、金融诈骗犯罪的所得及其产生的收益”，而实施各种洗钱行为，以掩饰、隐瞒其来源和性质的；第一百九十四条票据诈骗罪和金融凭证诈骗罪，必须“明知是伪造、变造的汇票、本票、支票而使用的”或“明知是作废的汇票、本票、支票而使用的”和“明知是伪造、变造的委托收款凭证、汇款凭证、银行存单等其他银行结算凭证”而使用的。对于这些罪名，行为人是否明知各条款所规定的应当明知的事实，就成为区分罪与非罪的关键。

②以特定“目的”为特别要件，即对某些金融犯罪的构成，要求行为人必须以某种特定的犯罪目的为主观要件。《刑法》第一百七十五条高利转贷罪，必须是“以转贷牟利为目的”而获取金融机构信贷资金高利转贷他人，违法所得数额较大；第一百九十二条集资诈骗罪，必须“以非法占有为目的”；第一百九十三条贷款诈骗罪亦必须“以非法占有为目的”。认定这几种犯罪，行为人是否具有上述特定目的，是区分罪与非罪、此罪与彼罪的关键。

值得注意的是，《刑法》对其他直接故意构成的金融犯罪并没有在各条文中规定特定的犯罪目的，这并不意味着这些金融犯罪不要求犯罪目的要件就构成犯罪，或者说，这些金融犯罪没有犯罪目的，而是因为这些金融犯罪的犯罪目的体现在具体的犯罪行为之中，《刑法》不做特别规定既不会影响对犯罪性质的认定，也不至于混淆罪与非罪、此罪与彼罪的界限。如票据诈骗罪、金融凭证诈骗罪、信用证诈骗罪、信用卡诈骗罪、保险诈骗罪等，均无一例外地以非法占有为目的，而《刑法》对这些金融诈骗罪的犯罪目的未做特别规定，只要行为人实施了条文所规定的行为，即构成相应的犯罪，而不至于认定为其他犯罪，因此，没有必要在条文中特别强调主观目的。但某些金融犯罪如高利转贷罪、吸收客户资金不入账罪和集资诈骗罪、贷款诈骗罪则不同，若行为人不是出于非法牟利或非法占有目的，也就是说，若《刑法》不对其做出某种特别规定，则其行为极易与其他罪或非罪相混淆。如集资诈骗若不是出于非法占有目的而实施集资行为，则属于非法吸收公众存款行为；贷款诈骗若不是出于非法占有目的而骗取贷款，则只能认定为违反民事法律的贷款欺诈行为；行为人若不是出于牟利目的而将客户资金不入账进行拆借或者放贷，则只能认定为违反银行业务规章的违规行为；等等。

第二节　金融证券犯罪的法律制度研究

一、金融证券犯罪概述

（一）金融证券犯罪的概念

所谓金融证券犯罪（也称“证券犯罪”），是指证券发行人、证券经营机构、证券管理机构、证券监督机构、证券服务机构、投资基金管理公司、证券业自律性管理机构以及其他组织、证券投资者、证券服务人员、管理人员以及其他人员，违反证券法规，故意非法从事证券的发行、交易、管理或其他相关的活动，严重破坏证券市场的正常管理秩序，侵害证券投资者的合法权益，应受刑罚处罚的行为。具体包括伪造、变造金融票证罪，妨害信用卡管理罪，窃取、收买、非法提供信用卡信息罪，伪造、变造国家有价证券罪，伪造、变造股票、公司、企业债券罪，擅自发行股票、公司、企业债券罪，内幕交易、泄露内幕信息罪，利用未公开信息交易罪，编造并传播证券、期货交易虚假信息罪，诱骗投资者买卖证券、期货合约证券罪，操纵证券、期货市场罪，共 11 个罪名，它们分别规定在《刑法》第一百七十七条至第一百八十二条。

（二）金融证券犯罪的特点

证券犯罪是一种特定的金融犯罪，这种证券以财产权为内容，表明一定的财产价值；有一定的票面货币价值表示；有流通性、转让性，是融资活动的中介体。只有具备上述特征的证券，才能成为证券犯罪的侵害对象。因此，证券犯罪具有以下特点。

①时空的特定性。证券犯罪大多数发生在证券发行、交易、管理活动过程中或其他相关环节中。

②复杂性。主要表现在两个方面：一是作案者一般都具有相当高的文化程度和反侦查能力，具有证券方面的专业知识，熟悉有关证券操作规程，利用高科技手段作案，不易被发现；二是证券犯罪涉及证券发行、证券交易、财会标准和制度，以及有关刑事法律、法规、政策界限划分，这就增加了追究此类犯罪的难度。

③抽象性。证券犯罪的客体为双重客体，既侵犯了整个证券市场的管理秩序，又侵犯了证券投资者的利益，其客体往往超出单个人的利益范围，而是侵害了所有持有某种证券的投资者的合法利益。

④严重性。证券犯罪往往会对整个证券市场产生严重的影响，干扰证券市场的正常运作，使证券价格产生巨幅波动，损害证券投资者对证券市场的信任感和安全感，造成严重的经济损失和社会不安定，甚至引发金融风暴和经济危机。

（三）金融证券犯罪的法律特征

①侵害的客体是双重客体，既侵犯证券市场的正常管理秩序，又侵犯证券投资者的合法利益，前者是主要客体。证券市场的运作要求公正和高效的管理秩序，只有这样，才能建成一个规范的、健康发展的证券市场。而证券犯罪活动则破坏了证券市场的正常管理秩序，对证券市场的发展具有严重的危害性，同时侵害了证券投资者的合法利益，因而应当受刑罚处罚。

②客观方面表现为违反证券法规，非法从事证券的发行、交易、管理活动或其他相关活动的行为。第一，证券犯罪在客观上表现为违反证券法规，为证券法规所禁止，因而具有违法性；第二，证券犯罪在客观上还表现为非法从事证券的发行、交易、管理活动或其他有关活动的行为，并多数以情节或后果是否严重作为罪与非罪的界限。

③犯罪主体多为一般主体，既可以是单位，也可以是自然人。单位作为证券犯罪的主体，包括法人和非法人组织、机构、团体、企业等，主要有：第一，发行证券的政府、企业事业单位、社团单位；第二，机构投资者；第三，证券业服务机构，如证券登记、结算公司、证券经纪机构、证券咨询公司等；第四，投资基金管理公司；第五，证券管理机构；第六，证券业自律组织；第七，其他组织机构。由于单位中的证券机构具有资金、信息优势，因而往往成为操纵证券、期货市场等罪的主体。自然人作为证券犯罪的主体，包括：第一，证券业从业人员；第二，证券业管理人员；第三，社会公众投资者；第四，其他人员。

④主观方面只能是出于故意，即行为人明知其所实施的行为违反证券法规，会产生破

坏证券市场正常管理秩序、侵害证券投资者合法利益的危害结果，仍希望或放任这种危害结果的发生。

二、伪造、变造金融票证罪

（一）伪造、变造金融票证罪的定义

所谓伪造、变造金融票证罪，是指伪造、变造金融票据和金融凭证，危害国家对金融票证的管理制度的行为。

（二）伪造、变造金融票证罪的刑事责任

对于伪造、变造金融票证罪的追诉标准，2010 年最高人民检察院、公安部《关于公安机关管辖的刑事案件立案追诉标准的规定（二）》规定，伪造、变造金融票证，涉嫌下列情形之一的，应予追诉：①伪造、变造金融票证，总面额在一万元以上或者数量在十张以上的；②伪造信用卡一张以上，或者伪造空的信用卡十张以上的。

《刑法》第 177 条第一款根据情节轻重，对自然人犯本罪的，规定了三档刑罚：①伪造、变造金融票证，构成犯罪的，处五年以下有期徒刑或者拘役，并处两万元以上二十万元以下罚金。②情节严重的，处五年以上十年以下有期徒刑，并处五万元以上五十万元以下罚金。这里的“情节严重”，一般是指多次实施伪造、变造行为，或伪造、变造金融票证份数多、数额大等情形。③情节特别严重的，处十年以上有期徒刑或者无期徒刑，并处五万元以上五十万元以下罚金或者没收财产。这里的“情节特别严重”，一般是指行为人使用暴力强迫他人为自己伪造、变造金融票证，具有殴打、辱骂情节的；或伪造、变造的金融票证份数特别多、数额特别大的。根据《刑法》第一百七十七条第二款之规定，单位犯本罪的，实行“两罚制”，即对单位判处罚金，并对其直接负责的主管人员和其他直接责任人员依照第一款的规定处罚。

三、妨害信用卡管理罪

（一）妨害信用卡管理罪的定义

妨害信用卡管理罪，是指违反国家信用卡管理法规，在信用卡的发行、使用等过程中，妨害国家对信用卡的管理活动，破坏信用卡管理秩序的行为。

（二）妨害信用卡管理罪的刑事责任

根据《刑法》第一百七十七条之一第一款的规定，对犯本罪的自然人，处三年以下有期徒刑或者拘役，并处或者单处一万元以上十万元以下罚金；数量巨大或者有其他严重情节的，处三年以上十年以下有期徒刑或者拘役，并处两万元以上二十万元以下罚金。

（三）关于窃取、收买、非法提供信用卡信息罪

窃取、收买、非法提供信用卡信息罪是指窃取、收买或者非法提供他人信用卡信息资料的行为。

根据 2009 年 12 月 3 日最高人民法院、最高人民检察院《关于办理妨害信用卡管理刑事案件具体应用法律若干问题的解释》第三条的规定，窃取、收买或者非法提供他人信用卡信息资料，足以伪造可进行交易的信用卡，或者足以使他人以信用卡持卡人名义进行交易，涉及信用卡一张以上不满五张的，依照《刑法》第一百七十七条之一第二款的规定，以窃取、收买或者非法提供信用卡信息罪处罚；涉及信用卡五张以上的，应当认定为《刑法》第一百七十七条之一第一款规定的“数量巨大”。

四、伪造、变造国家有价证券罪

（一）伪造、变造国家有价证券罪的定义

所谓伪造、变造国家有价证券罪，是指违反国家证券管理法规，伪造、变造国库券或者国家发行的其他有价证券，数额较大的行为。

（二）伪造、变造国家有价证券罪的刑事责任

《刑法》第一百七十八条第一款根据数额大小，对自然人犯本罪的，规定了三档刑罚：①数额较大，构成犯罪的，处三年以下有期徒刑或拘役，并处或者单处两万元以上二十万元以下罚金；②数额巨大的，处三年以上十年以下有期徒刑，并处五万元以上五十万元以下罚金；③数额特别巨大的，处十年以上有期徒刑或者无期徒刑，并处五万元以上五十万元以下罚金，或者没收财产。

根据《刑法》第一百七十八条第三款的规定，单位犯本罪的，实行“两罚制”，即对单位判处罚金，并对其直接负责的主管人员和其他直接责任人员依照第一百七十八条第一款的规定处罚。

五、伪造、变造股票、公司、企业债券罪

（一）伪造、变造股票、公司、企业债券罪的定义

所谓伪造、变造股票、公司、企业债券罪，是指伪造、变造股票、公司、企业债券，数额较大的行为。

（二）伪造、变造股票、公司、企业债券罪的刑事责任

《刑法》第一百七十八条第二款根据犯罪数额大小，对自然人犯本罪的，规定了两档刑罚：①数额较大，构成犯罪的，处三年以下有期徒刑、拘役，并处或者单处一万元以上十万元以下罚金；②数额巨大的，处三年以上十年以下有期徒刑，并处两万元以上二十万元以下罚金。

根据《刑法》第一百七十八条第三款的规定，单位犯本罪的，实行“两罚制”，即对单位判处罚金，并对其直接负责的主管人员和其他直接责任人员依照本条第二款的规定处罚。

六、擅自发行股票、公司、企业债券罪

（一）擅自发行股票、公司、企业债券罪的定义

所谓擅自发行股票、公司、企业债券罪，是指违反股票、公司、企业债券发行的管理规定，未经国家有关主管部门批准，擅自发行股票、公司、企业债券，数额巨大、后果严重或者有其他严重情节的行为。

（二）擅自发行股票、公司、企业债券罪的刑事责任

根据《刑法》第一百七十九条第一款的规定，自然人犯本罪的，主刑为有期徒刑和拘役，可处五年以下有期徒刑或拘役；附加刑为罚金，对罚金刑采用“比例罚金制”，可并处或单处非法募集资金金额1%以上5%以下罚金。

根据《刑法》第一百七十九条第二款的规定，单位犯本罪的，实行“两罚制”，即对单位判处罚金，并对其直接负责的主管人员和其他责任人员，处五年以下有期徒刑或者拘役。

七、内幕交易、泄露内幕信息罪

（一）内幕交易、泄露内幕信息罪的定义

所谓内幕交易、泄露内幕信息罪，是指证券、期货交易内幕信息的知情人员或者非法获取证券、期货交易内幕信息的人员，在涉及证券发行，证券、期货交易或者其他对证券、期货交易价格有重大影响的信息尚未公开前，买入或者卖出该证券，或者从事与该内幕信息有关的期货交易，或者泄露该信息，或者明示、暗示他人从事上述交易活动，情节严重的行为。

（二）内幕交易、泄露内幕信息罪的刑事责任

根据2010年《关于公安机关管辖的刑事案件立案追诉标准的规定（二）》第三十五条规定，证券交易成交额累计在五十万元以上，或者期货交易占用保证金数额累计在三十万元以上，或者获利、避免损失数额累计在十五万元以上，或者多次进行内幕交易、泄露内幕信息，均应立案追诉。

《刑法》第一百八十条第一款根据情节轻重，对自然人犯本罪的，规定了两档刑，并采用了“倍数罚金制”：①情节严重，构成犯罪的，处五年以下有期徒刑或者拘役，并处或者单处违法所得一倍以上五倍以下罚金；②情节特别严重的，处五年以上十年以下有期徒刑，并处违法所得一倍以上五倍以下罚金。

八、利用未公开信息交易罪

（一）利用未公开信息交易罪的定义

所谓利用未公开信息交易罪，是指证券交易所、期货交易所、证券公司、期货经纪公司、基金管理公司、商业银行、保险公司等金融机构的从业人员以及有关监管部门或者行业协会的工作人员，利用因职务便利获取的内幕信息以外的其他未公开的信息，违反规定，从事与该信息相关的证券、期货交易活动，或者明示、暗示他人从事相关交易活动，情节严重的行为。

（二）利用未公开信息交易罪的刑事责任

根据最高人民检察院、公安部《关于公安机关管辖的刑事案件立案追诉标准的规定

（二）》第三十六条的规定，证券交易所、期货交易所、证券公司、期货公司、基金管理公司、商业银行、保险公司等金融机构的从业人员以及有关监管部门或者行业协会的工作人员，利用因职务便利获取的内幕信息以外的其他未公开的信息，违反规定，从事与该信息相关的证券、期货交易活动，或者明示、暗示他人从事相关交易活动，涉嫌下列情形之一的，应予立案追诉：①证券交易成交额累计在五十万元以上的；②期货交易占用保证金数额累计在三十万元以上的；③获利或者避免损失数额累计在十五万元以上的；④多次利用内幕信息以外的其他未公开信息进行交易活动的；⑤其他情节严重的情形。

根据2018年最高人民法院、最高人民检察院《关于办理利用未公开信息交易刑事案件适用法律若干问题的解释》第六条的规定，在内幕信息敏感期内从事或者明示、暗示他人从事或者泄露内幕信息导致他人从事与该内幕信息有关的证券、期货交易，具有下列情形之一的，应当认定为《刑法》第一百八十条第一款规定的“情节严重”：①证券交易成交额在五十万元以上的；②期货交易占用保证金数额在三十万元以上的；③获利或者避免损失数额在十五万元以上的；④三次以上的；⑤具有其他严重情节的。第七条规定，下列情形属于“情节特别严重”：①证券交易成交额在二百五十万元以上的；②期货交易占用保证金数额在一百五十万元以上的；③获利或者避免损失数额在七十五万元以上的；④具有其他特别严重情节的。

单位犯本罪的，采用“两罚制”，即对单位判处罚金，并对直接负责的主管人员和其他直接责任人员，处五年以下有期徒刑或者拘役。

九、编造并传播证券、期货交易虚假信息罪

（一）编造并传播证券、期货交易虚假信息罪的定义

所谓编造并传播证券、期货交易虚假信息罪，是指行为人为牟取不正当的利益，编造并传播影响证券、期货交易的虚假信息，扰乱证券市场，造成严重后果的行为。

（二）编造并传播证券、期货交易虚假信息罪的刑事责任

根据2010年最高人民检察院、公安部《关于公安机关管辖的刑事案件立案追诉标准的规定（二）》第三十七条的规定，编造并且传播影响证券、期货交易的虚假信息，扰乱证券、期货交易市场，涉嫌下列情形之一的，应予立案追诉：①获利或者避免损失数额累计在五万元以上的；②造成投资者直接经济损失数额在五万元以上的；③致使交易价格和交易量异常波动的；④虽未达到上述数额标准，但多次编造并且传播影响证券、期货交

易的虚假信息的；⑤其他造成严重后果的情形。

根据《刑法》第一百八十一条第一款和第三款的规定，自然人犯本罪的，处五年以下有期徒刑或者拘役，并处或者单处一万元以上十万元以下罚金；单位犯本罪的，对单位判处罚金，并对其直接负责的主管人员和其他直接责任人员，处五年以下有期徒刑或者拘役。

十、诱骗投资者买卖证券、期货合约罪

（一）诱骗投资者买卖证券、期货合约罪的定义

所谓诱骗投资者买卖证券、期货合约罪，是指证券交易所、期货交易所、证券公司、期货经纪公司的从业人员、证券业协会、期货业协会或证券、期货监督管理部门及其工作人员，故意提供虚假信息或者伪造、变造、销毁交易记录，诱骗投资者买卖证券、期货，造成严重后果的行为。

（二）诱骗投资者买卖证券、期货合约罪的刑事责任

根据2010年最高人民检察院、公安部《关于公安机关管辖的刑事案件立案追诉标准的规定（二）》第三十八条的规定，证券交易所、期货交易所、证券公司、期货公司的从业人员，证券业协会、期货业协会或者证券期货监督管理部门的工作人员，故意提供虚假信息或者伪造、变造、销毁交易记录，诱骗投资者买卖证券、期货合约，涉嫌下列情形之一的，应予立案追诉：①获利或者避免损失数额累计在五万元以上的；②造成投资者直接经济损失数额在人民币五万元以上的；③致使交易价格和交易量异常波动的；④其他造成严重后果的情形。

《刑法》第一百八十一条第二款对自然人犯本罪的，规定了两档刑罚：①构成犯罪的，处五年以下有期徒刑或者拘役，并处或者单处一万元以上十万元以下罚金；②情节特别严重的，处五年以上十年以下有期徒刑，并处两万元以上二十万元以下罚金。

根据《刑法》第一百八十条第三款的规定，单位犯本罪的，实行“两罚制”，对单位判处罚金，并对其直接负责的主管人员和其他直接责任人员，处五年以下有期徒刑或者拘役。

十一、操纵证券、期货市场罪

（一）操纵证券、期货市场罪的定义

所谓操纵证券、期货市场罪，是指以获取不正当利益或者转嫁风险为目的，集中资金优势、持股或者持仓优势或者利用信息优势联合或者连续买卖，与他人串通相互进行证券、期货交易，自买自卖期货合约，操纵证券、期货市场，影响证券、期货交易价格或者证券、期货交易量、交易价格，制造证券、期货市场假象，诱导或者致使投资者在不了解事实真相的情况下做出准确投资决定，扰乱证券、期货市场秩序的行为。

（二）操纵证券、期货市场罪的刑事责任

根据《刑法》第一百八十条的规定，自然人犯本罪的，处五年以下有期徒刑或者拘役，并处或者单处罚金。单位犯本罪的，实行“两罚制”，即对单位判处罚金，并对其直接负责的主管人员和其他直接责任人员处五年以上十年以下有期徒刑。

第三节　金融诈骗犯罪的法律制度研究

一、金融诈骗犯罪概述

（一）金融诈骗犯罪的定义

所谓金融诈骗犯罪，是指行为人以非法占有为目的，采取虚构事实或者隐瞒真相的欺诈方法，骗取银行或者其他金融机构的贷款、保险金，或者进行非法集资诈骗、票据诈骗、金融凭证诈骗，信用证、信用卡及有价证券诈骗，数额较大的行为。具体包括集资诈骗罪、贷款诈骗罪、票据诈骗罪、金融凭证诈骗罪、信用证诈骗罪、信用卡诈骗罪、有价证券诈骗罪、保险诈骗罪，共8个罪名，它们分别规定在《刑法》第一百九十二条至第二百条。

（二）金融诈骗犯罪的法律特征

①侵犯的客体是复杂客体，既侵犯了正常的金融秩序，又侵犯了公私财产所有权。金

融诈骗是在金融领域发生的诈骗，有的主要以银行及相关主体为对象，如贷款诈骗、信用证诈骗、信用卡诈骗、票据诈骗等；有的主要以其他金融机构及相关主体为对象，如有价证券诈骗、集资诈骗、保险诈骗等。这些行为都与国家金融制度和金融业务有关，都会给国家金融管理秩序造成损害。同时，金融诈骗主观上以非法占有为目的，因而其行为必然同时侵犯公私财产所有权。

②客观方面表现为使用诈骗手段，骗取银行或者有关金融机构的贷款、保险金，或者进行非法集资诈骗、金融票据、凭证诈骗和信用证、信用卡诈骗、有价证券诈骗，数额较大的行为。这里所称“诈骗手段”，是指行为人以非法占有为目的所采用的虚构事实或者隐瞒事实真相等欺诈性行为。虚构事实是指编造谎言、捏造根本不存在的事实；隐瞒事实真相是指掩盖既已存在的事实，使被害人陷于错误认识而自愿向行为人交付数额较大的财产。同时，金融诈骗罪行为人必须实施违反法律、法规或非法集资诈骗，或骗取其他有关金融票据、凭证等行为。这是本罪与其他犯罪的关键区别。具体地讲，金融诈骗罪的客观表现形式，大体分为以三种：

第一，破坏资金市场秩序的诈骗犯罪，包括：其一，集资诈骗罪；其二，贷款诈骗罪。其法定情形是：编造引进资金、项目等虚假理由的；使用虚假的经济合同的；使用虚假的证明文件的；使用虚假的产权证明做担保或者超出抵押物价值重复担保的；以其他方法诈骗贷款的。

第二，破坏金融信用制度的诈骗犯罪，包括：其一，票据诈骗罪，其法定情形是：明知是伪造、变造的汇票、本票、支票而使用的；明知是作废的汇票、本票、支票而使用的；冒用他人的汇票、本票、支票的；签发空头支票或者与其预留印鉴不符的支票，骗取财物的；汇票、本票的出票人签发无资金保证的汇票、本票或者在出票时做虚假记载，骗取财物的。另外，使用伪造、变造的委托收款凭证、汇款凭证、银行存单等其他银行结算凭证的，以金融凭证诈骗罪论处。其二，信用证诈骗罪，其法定情形是：使用伪造、变造的信用证或者附随的单据、文件的；使用作废的信用证的；骗取信用证的；以其他方法进行信用证诈骗活动的。其三，信用卡诈骗罪，其法定情形是：使用伪造的信用卡，或者使用以虚假的身份证明骗领的信用卡的；使用作废的信用卡的；冒用他人信用卡的；恶意透支的；盗窃信用卡并使用的，以盗窃罪定罪处罚。其四，有价证券诈骗罪。

第三，破坏社会保险秩序的诈骗犯罪，即保险诈骗罪，其法定情形是：其一，投保人故意虚构保险标的，骗取保险金的；其二，投保人、被保险人或者受益人对发生的保险事故编造虚假的原因或者夸大损失的程度，骗取保险金的；其三，投保人、被保险人或者受益人编造未曾发生的保险事故，骗取保险金的；其四，投保人、被保险人故意造成财产损失的保险事故，骗取保险金的；其五，投保人、受益人故意造成被保险人死亡、伤残或者疾病，骗取保险金的。另外，有前述第四项、第五项行为，同时构成其他犯罪的，依照数罪并罚的规定处罚。保险事故的鉴定人、证明人、财产评估人故意提供虚假的证明文件，为他人诈骗提供条件的，以保险诈骗的共犯论处。

只要行为人实施上述金融诈骗行为之一，数额较大的，即构成金融诈骗罪。如果行为人实施金融诈骗行为，情节显著轻微、危害不大，不构成犯罪，可依法予以行政处罚。

③犯罪主体为一般主体，有的犯罪只能由自然人构成，如第一百九十三条贷款诈骗罪、第一百九十六条信用卡诈骗罪、第一百九十七条有价证券诈骗罪；有的犯罪既可由自然人实施，也可由单位实施，如第一百九十二条集资诈骗罪，第一百九十四条票据诈骗罪、金融凭证诈骗罪，第一百九十五条信用证诈骗罪，第一百九十八条保险诈骗罪。

④主观方面出于直接故意，且以非法占有公私财物为目的。即行为人明知实施金融诈骗活动会发生侵害公私财产所有权、破坏金融秩序的危害结果，但仍然希望这种危害结果的发生。无论行为人采取什么方式、什么手段来虚构事实或者隐瞒事实真相，其最终目的在于非法骗取公私财物。

二、集资诈骗罪

（一）集资诈骗罪的定义

所谓集资诈骗罪，是指以非法占有为目的，用虚构事实或者隐瞒真相等诈骗方法非法集资，扰乱国家正常金融秩序，侵犯公私财产所有权，数额较大的行为。

（二）集资诈骗罪的刑事责任

《刑法》第一百九十二条、第二百条及《关于审理非法集资刑事案件具体应用法律若干问题的解释》对集资诈骗罪的刑事责任和处罚原则做了如下规定。

①分层次处罚。所谓分层次处罚，是指针对集资诈骗罪诈骗数额的不同，规定了三个层次的量刑幅度：第一，犯集资诈骗罪，数额较大的，处五年以下有期徒刑或者拘役，并处两万元以上二十万元以下罚金。第二，数额巨大或者有其他严重情节的，处五年以上十年以下有期徒刑，并处五万元以上五十万元以下罚金。第三，数额特别巨大或者其他特别严重情节的，处十年以上有期徒刑或者无期徒刑，并处五万元以上五十万元以下罚金或没收财产。

②对自然人犯罪并处附加刑。《刑法》针对集资诈骗罪的贪利性特征，对自然人为本罪主体时，除规定了依数额大小和情节轻重划分的四种量刑幅度处以主刑外，还规定了与主刑相适应的不同数额幅度的罚金刑和财产刑。立法上之所以这样规定，体现了主刑与附

加刑并用，对犯罪分子既打又罚的立法本意。

③对单位犯罪实行“两罚制”。根据《刑法》第三十一条、第二百条之规定，对单位犯集资诈骗罪的，实行“两罚制”，即对单位判处罚金，并对其直接负责的主管人员和其他直接责任人员，依照第二百条规定的三档刑罚，分别判处。这三档刑罚是：第一，数额较大，构成犯罪的，处五年以下有期徒刑或者拘役，可以并处罚金；第二，数额巨大或者有其他严重情节的，处五年以上十年以下有期徒刑，并处罚金；第三，数额特别巨大或者有其他特别严重情节的，处十年以上有期徒刑或者无期徒刑，并处罚金。

三、贷款诈骗罪

（一）贷款诈骗罪的定义

所谓贷款诈骗罪，是指以非法占有为目的，采取编造虚假理由或使用虚假材料的方法，诈骗银行或者其他金融机构的贷款，数额较大的行为。

（二）贷款诈骗罪的刑事责任

《刑法》第一百九十三条和《立案追诉标准（二）》第五十条对自然人犯贷款诈骗罪，规定了三个不同层次的量刑幅度：

①数额较大，构成犯罪的，处五年以下有期徒刑或拘役，并处两万元以上二十万元以下罚金。这里的“数额较大”，是指个人进行贷款诈骗数额在两万元以上的，属于“数额较大”，因此，两万元是构成贷款诈骗罪的数额起刑点。

②数额巨大或者有其他严重情节的，处五年以上十年以下有期徒刑，并处五万元以上五十万元以下罚金。个人进行贷款诈骗数额在五万元上的，属于“数额巨大”。“其他严重情节”是指：第一，为骗取贷款，向银行或者其他金融机构的工作人员行贿，数额较大的；第二，挥霍贷款，或者用贷款进行违法活动，致使贷款到期无法偿还的；第三，隐匿贷款去向，贷款期限届满后，拒不偿还的；第四，提供虚假的担保申请贷款；第五，假冒他人名义申请贷款，贷款期限届满后，拒不偿还的。

③数额特别巨大或者有其他特别严重情节的，处十年以上有期徒刑或者无期徒刑，并处五万元以上五十万元以下罚金或者没收财产。个人进行贷款诈骗数额在二十万元以上的，属于“数额特别巨大”。“其他特别严重情节”是指：第一，为骗取贷款，向银行或者其他金融机构工作人员行贿，数额巨大的；第二，携带贷款逃跑的；第三，使用贷款进行犯罪活动的。

四、票据诈骗罪

（一）票据诈骗罪的定义

所谓票据诈骗罪，是指以非法占有为目的，进行金融票据诈骗活动，数额较大的行为。

（二）票据诈骗罪的刑事责任

《刑法》第一百九十四条、第二百条及《立案追诉标准（二）》对自然人犯票据诈骗罪规定了三档刑罚：

①票据诈骗，数额较大，构成犯罪的，处五年以下有期徒刑或者拘役，并处两万元以上二十万元以下罚金；这里的“数额较大”，是指个人进行票据诈骗数额在一万元以上的，或者单位进行票据诈骗数额在十万元以上的，均属于“数额较大”。这里的一万元与十万元分别为个人和单位承担刑事责任的起刑点。

②数额巨大或者有其他严重情节的，处五年以上十年以下有期徒刑，并处五万元以上五十万元以下罚金。至于“数额巨大”的标准，是指个人进行票据诈骗数额在五万元以上的，或者单位进行票据诈骗数额在三十万元以上的情形。

③数额特别巨大或者有其他特别严重情节的，处十年以上有期徒刑或者无期徒刑，并处五万元以上五十万元以下罚金或者没收财产。根据规定，个人进行票据诈骗数额在十万元以上的，或者单位进行票据诈骗数额在一百万元以上的，属于“数额特别巨大”。

根据《刑法》第三十一条、第二百条的规定，单位犯票据诈骗罪的，实行“两罚制”，即对单位判处罚金，并对其直接负责的主管人员和其他直接责任人员，处五年以下有期徒刑或者拘役，可以并处罚金；数额巨大或者有其他严重情节的，处五年以上十年以下有期徒刑或者拘役，并处罚金；数额特别巨大或者有其他特别严重情节的，处十年以上有期徒刑或者无期徒刑，并处罚金。

五、金融凭证诈骗罪

（一）金融凭证诈骗罪的定义

所谓金融凭证诈骗罪，是指以非法占有为目的，使用伪造、变造的委托收款凭证、汇款凭证、银行存单等其他银行结算凭证骗取财物，数额较大的行为。

（二）金融凭证诈骗罪的刑事责任

《刑法》第一百九十四条第二款和第二百条，依据诈骗数额和情节轻重之不同，对自然人犯金融凭证诈骗罪的，规定了三个不同层次的量刑幅度。

①诈骗数额较大，构成犯罪的，处五年以下有期徒刑或者拘役，并处两万元以上二十万元以下罚金。

②数额巨大或者有其他严重情节的，处五年以上十年以下有期徒刑，并处五万元以上五十万元以下罚金。按照规定，“数额巨大”的标准为个人诈骗数额在五万元以上，单位诈骗数额在三十万元以上。

③数额特别巨大或者有其他特别严重情节的，处十年以上有期徒刑或者无期徒刑，并处五万元以上五十万元以下罚金。按照规定，“数额特别巨大”的标准为个人诈骗数额在十万元以上，单位诈骗数额在一百万元以上。

根据《刑法》第二百条的规定，单位犯本罪的，对单位判处罚金，并对其直接负责的主管人员和其他直接责任人员，处五年以下有期徒刑或者拘役，可以并处罚金；数额巨大或者有其他严重情节的，处五年以上十年以下有期徒刑，并处罚金；数额特别巨大或者有其他特别严重情节的，处十年以上有期徒刑或者无期徒刑，并处罚金。

六、信用证诈骗罪

（一）信用证诈骗罪的定义

所谓信用证诈骗罪，是指以非法占有为目的，使用伪造、变造的信用证或者附随的单据、文件，使用作废的信用证，骗取信用证以及以其他方法进行信用证诈骗活动的行为。

（二）信用证诈骗罪的刑事责任

《刑法》第一百九十五条对自然人犯信用证诈骗罪，规定了三个不同层次的量刑幅度：

①具有《刑法》第一百九十五条规定的四种法定情形之一，进行信用证诈骗活动，构成犯罪的，处五年以下有期徒刑或者拘役，并处两万元以上二十万元以下罚金。

②数额巨大或者有其他严重情节的，处五年以上十年以下有期徒刑，并处五万元以上五十万元以下罚金。“数额巨大”之标准，依照规定，是指个人诈骗数额在十万元以上不足五十万元的，单位诈骗数额在五十万元以上不足二百五十万元的情况。

③数额特别巨大或者有其他特别严重情节的，处十年以上有期徒刑或者无期徒刑，并处五万元以上五十万元以下罚金或者没收财产。“数额特别巨大”之标准，依照规定，是指个人诈骗数额在五十万元以上，单位诈骗数额在二百五十万元以上的情况。

根据《刑法》第二百条的规定，单位犯本罪的，实行“两罚制”，对单位判处罚金，并对其直接负责的主管人员和其他直接责任人员，依照第二百条规定的三档刑罚处罚。

七、信用卡诈骗罪

（一）信用卡诈骗罪的定义

所谓信用卡诈骗罪，是指违反信用卡管理法规，以非法占有为目的，使用伪造或者使用以虚假的身份证明骗领的信用卡，使用作废的信用卡，或者冒用他人信用卡，或者利用信用卡恶意透支、诈骗公私财物，数额较大的行为。

（二）信用卡诈骗罪的刑事责任

《刑法》第一百九十六条对犯信用卡诈骗罪的，根据数额和情节的不同，规定了三档刑罚。

①数额较大，构成信用卡诈骗罪的，处五年以下有期徒刑或者拘役，并处两万元以上二十万元以下罚金。行为人诈骗数额在五千元以上不满五万元的，属于“数额较大”。

②数额巨大或者有其他严重情节的，处五年以上十年以下有期徒刑，并处五万元以上五十万元以下罚金。行为人诈骗数额在五万元以上不满五十万元的，属于“数额巨大”。

③数额特别巨大或者有其他特别严重情节的，处十年以上有期徒刑或者无期徒刑，并处五万元以上五十万元以下罚金或者没收财产。行为人诈骗数额在五十万元以上的，属于“数额特别巨大”。

此外，《刑法》第一百九十六条第三款规定，盗窃信用卡并使用的，依照《刑法》第二百六十四条的规定，以盗窃罪定罪处罚。

八、有价证券诈骗罪

（一）有价证券诈骗罪的定义

所谓有价证券诈骗罪，是指以非法占有为目的，使用伪造、变造的国库券或者国家发行的其他有价证券进行诈骗活动，数额较大的行为。

（二）有价证券诈骗罪的刑事责任

《刑法》第一百九十七条根据数额和情节的不同，对犯有价证券诈骗罪的，规定了三档刑罚。

①数额较大，构成犯罪的，处五年以下有期徒刑或者拘役，并处两万元以上二十万元以下罚金。

②数额巨大或者有其他严重情节的，处五年以上十年以下有期徒刑，并处五万元以上五十万元以下罚金。

③数额特别巨大或者情节特别严重的，处十年以上有期徒刑或者无期徒刑，并处五万元以上五十万元以下罚金或者没收财产。

九、保险诈骗罪

（一）保险诈骗罪的定义

所谓保险诈骗罪，是指行为人以非法获取保险金为目的，违反保险管理法规，采用虚构保险标的、保险事故或者制造保险事故等方法，骗取保险公司的保险金，数额较大的行为。

（二）保险诈骗罪的刑事责任

《刑法》第一百九十八条第一款对自然人犯保险诈骗罪的，依据诈骗数额和情节的不同，规定了三档刑罚。

①数额较大，构成犯罪的，处五年以下有期徒刑或者拘役，并处一万元以上十万元以下罚金。依照有关规定，个人诈骗数额在一万元以上不足十万元的，单位诈骗数额在五万元以上不足五十万元的，属于“数额较大”。

②数额巨大的或者有其他严重情节的，处五年以上十年以下有期徒刑，并处两万元以上二十万元以下罚金。个人诈骗十万元以上不足五十万元的，单位诈骗五十万元以上不足二百五十万元的，属于“数额巨大”。

③数额特别巨大或者有其他特别严重情节的，处十年以上有期徒刑，并处两万元以上二十万元以下罚金或者没收财产。个人诈骗数额在五十万元以上的，单位诈骗数额在二百五十万元以上的，属于“数额特别巨大”。

《刑法》第一百九十八条第三款规定，单位犯保险诈骗罪的，实行“两罚制”，即对单位判处罚金，并对其直接负责的主管人员和其他直接责任人员，处五年以下有期徒刑或者拘役；数额巨大或者有其他严重情节的，处五年以上十年以下有期徒刑；数额特别巨大或者有其他特别严重情节的，处十年以上有期徒刑。

《刑法》第一百九十八条第四款规定，保险事故的鉴定人、证明人、财产评估人故意提供虚假的证明文件，为他人诈骗提供条件的，以保险诈骗的共犯论处。

第四节　金融犯罪法律实务研究
——以恶意透支型信用卡为例

一、信用卡恶意透支的概念与责任

（一）信用卡恶意透支的概念

信用卡恶意透支指的是持卡人以非法占有为目的，借助信用卡进行透支，在发卡银行进行多次催收以后，并没有按照相关规定进行本金以及相关费用的归还。在对恶意透支行为进行认定的过程中，持卡人的主观目的是判定是否恶意透支的主要因素，只有在认定其确有非法占有目的以后，才能判定为信用卡恶意透支。但是在判断持卡人主观意图的过程中，容易受到持卡人自身行为的干预，这就需要对多个因素进行综合分析，开展全面的判断。比如，当持卡人在主观过失情况下，出现了超限透支及超额透支的情况，或者受到自然灾害以及突发事件的影响，导致持卡人无法进行本金与相关费用的按期归还，则需要将其归属到不当透支当中。但是如果在银行多次催收以后，持卡人为了逃避，出现变更联系方式及住所的行为，则需要将其归属到恶意透支的范畴，必须对其进行法律追责。

（二）信用卡恶意透支的责任

对于信用卡恶意透支责任认定需要从国际以及国内两方面进行阐述。首先，从国际上来看，发达国家通常将信用卡恶意透支行为列入民事范畴，而德国则将其进行外延，将滥用信用卡的行为列入刑事范畴。德国联邦议会的法案针对信用卡恶意透支这一经济犯罪行为，制定了相应的处罚标准，即金钱刑后者三年以下监禁。其次，从我国针对信用卡恶意透支的法律追责来看，1995年全国人大常委会出台了《关于惩治破坏金融秩序犯罪的决定》，提出了“信用卡诈骗罪”这一罪名。而在1997年进行《刑法》修改的时候，将其列入《刑法》规定当中，同时从立法层面出发，对于信用卡恶意透支的概念进行了明确。此后，诸多法律法规都针对信用卡恶意透支责任进行了补充规定，制定了比较完善的惩戒信用卡恶意透支行为的法律制度。

二、信用卡恶意透支的原因

（一）客观因素

近年来，随着我国金融市场的日益完善，各大银行在信用卡业务中的投入力度不断加大，为了实现自身成本的有效控制，增加信用卡的发行量，许多银行在进行信用卡申请以及审批环节缺乏有效的监管，整个工作比较宽松，这就对信用卡的合理发行以及健康管理产生了不利影响。特别是在信用卡发行工作外包以后，只要客户资料通过审核，银行就会为推销员提供相应的费用。在这种情况下，部分营销员为了完成相应的指标，经常会存在填写虚假客户信息的情况，对于信用卡发放的合理性与科学性产生了十分不利的影响。例如，在申办信用卡的时候，往往会要求持卡人填写年收入、职位等信息，为了获得更高的信用卡额度，使信用卡快速申办下来，营销人员往往会诱导持卡人虚假填报。而且在信用卡的审批过程中，银行的人力与物力投入比较有限，许多审核工作流于形式，只是根据持卡人填写的信息进行核准，而不对持卡人的实际状况进行调查，草率批卡，无法对持卡人的实际情况有一个充分的掌握。

（二）主观因素

在我国市场经济体制不断完善的情况下，人们的生活方式以及消费理念已经发生了很大变化，经过银行信用卡和消费金融多年的宣传普及，很多持卡人已经习惯于超前消费，因此对于信用卡的需求也在不断提升。但是对于诸多持卡人来说，对于恶意透支的概念以及需要承担的法律后果并没有一个正确的认知，甚至出现了将恶意透支与民间借贷混淆的情况。在现实生活中，许多持卡人只有在被公安机关采取强制措施以后，才认识到自己触犯了法律。尽管这在一定程度上受到了银行宣传不足的影响，但更多的是持卡人在主观认知上的缺陷，造成其无法承担信用卡恶意透支以后所产生的风险。除此之外，部分持卡人在理财能力以及资信状况方面存在许多问题，特别是在外来务工人员以及年轻群体当中，一些人自身收入水平较低，但是对于时尚、舒适生活的追求强烈，出现了信用卡透支消费的情况，一旦其财务状况恶化，则会出现恶意透支的问题。甚至有一些持卡人不是单纯持有一家银行的信用卡，而是持有多家银行的信用卡，或办过各种网贷，在超前消费等透支行为严重到自己无法承担的情况下，虽然明了恶意透支的行为，但是自身无能为力。

三、信用卡恶意透支犯罪的成立要件

（一）主体要件

对于信用卡恶意透支成立要件中的主体要件来说，主要体现在以下几方面：首先，必须是合法的持卡人。合法持卡人指的是通过向银行申领信用卡，同时在审核以后进行信用卡发放，合法持有信用卡的人群，对于没有经过申领手续而取得信用卡的群体并不成立。其次，不是单位主体。在对信用卡恶意透支犯罪主体进行确定的过程中，单位并不能成为其中的要素，在缺乏法律明确规定的情况下，如果将单位列入信用卡恶意透支的主体范畴当中，容易出现“违法司法”的嫌疑。最后，骗领者并不构成恶意透支的犯罪。对于非法持有信用卡的人群来说，并不属于信用卡恶意透支犯罪的主体，发卡银行在进行催收的时候，只能针对合法持卡人，而不能针对非法持卡人开展催收活动。

（二）主观要件

在对主观要件进行分析中，主要从两方面进行阐述。首先，掌握“以非法占有为目的”的六种情形，明确恶意透支信用卡的具体情形，从而对其法律追责提供必要依据。只要行为人具有六种情形中的任何一种，都可以将其认定为具有非法占有的目的，进而形成恶意透支的主观要件。其次，针对“以非法占有为目的”的反正要求。从目前的《刑法》规定来看，如果持卡人在超额、超期透支以后，当发卡银行在进行两次或以上催收之后，依旧不归还本金以及相关费用，则会被认定为恶意透支。但是在这一过程中，不能要求持卡人进行举证，从而达到排除其合理怀疑的目的，而是需要进行正当未及时归还理由的陈述，在法官内心确信以后就可以。

（三）客观要件

《刑法》第一百九十六条对于信用卡恶意透支进行了明确规定，指出在超过规定限额或超过规定期限以后，都会进行相应的法律追责，两者的关系并不是并列的，而是具有一种选择性。因此，信用卡恶意透支的客观要件主要为两方面，即超限透支、催收不还以及超额透支、催收不还。在进行具体分析时，需要针对超限、超额以及催收不还两个因素进行论述。超限与超额指的是持卡人出现透支限额以及透支期限的情况，在出现这两种情况以后，发卡银行可以采用催收的手段来追回本金与相关费用。催收不还则是在持卡人出现信用卡恶意透支行为以后，经过两次以上催收，超过三个月依旧没有归还，则被视为恶意透支。

四、防范信用卡恶意透支的对策

（一）强化信用卡审核

发卡银行在进行信用卡业务办理的过程中，必须对申领人的实际情况进行严格审核，包括申领人身份的真实性以及资信调查等。在这些基础审核之外，需要针对申领人自身的实际情况区别对待，结合申领人的职业、住所以及收入等情况，提供信用额度不等的信用卡，同时需要交纳相应数量的保证金。针对存在资产担保的行为，必须对个人资产进行严格审核，避免出现重复担保、假担保的情况，公司单位担保与个人担保，需要严格按照国际惯例进行相应资产的抵押。同时，银行需要不断提升自身的业务技能水平，构建完善的内部监管机制，吸收国外发达国家的信用卡管理经验，制定内部调查制度，成立专门的调查机构，为执法机构的各项工作提供帮助，进行相关证据的收集，加强对信用卡恶意透支的法律追责。有外包信用卡发卡业务的银行，要评估外包公司的资质，对营销人员进行信用卡审核的培训，加强监管，避免营销人员为完成业绩而虚报申领人实际情况的问题。

（二）完善犯罪预防预警机制

通常来说，在法律工作当中，犯罪预防相较于犯罪惩罚更为重要，能够在较低的成本下，实现社会秩序的高效维护，同时也能减少各种犯罪行为对于社会关系所产生的损害。预防预警机制不完善会出现被告人长期恶意透支信用卡，进而影响金融市场的稳定。建立健全犯罪预防与预警机制需要一个长期的过程，作为一个系统工程，必须持续投入人力、财力以及物力，在系统维护下发挥出这一机制的作用。不管是从金融信贷业务的长期可持续发展，还是从法律体制的健全来说，都需要在犯罪预防与预警机制建设方面投入更大的力度。国家相关部门在进行个人信用体系构建的过程中，应该借助自身在政策方面的优势，发挥出协调工作的便利性与连续性，引导犯罪预防与预警机制的构建，开展对信用卡犯罪行为的早期干预，降低信用卡恶意透支所产生的不良影响，为社会的稳定与发展提供可靠保障。为了更好地完善犯罪预防预警机制，建议一方面强化理论研究，吸取先进发达国家在犯罪预防预警方面的经验，并做好本土化的改进与吸收；另一方面，建议国家以试点形式进行实践，通过一地的试点工作推行，纠正理论偏差，在获得有效的方法后，再进行全面的推广应用。

（三）合理把控刑罚尺度

在刑事案件的处理中，刑罚的作用尤为重要，不仅要对犯罪行为予以处罚，同时还要恢复被损害的社会关系，必须做到多种社会价值之间的均衡，合理把控刑罚尺度，这样才能将法律的作用充分发挥出来。但是针对信用卡恶意透支犯罪来说，刑罚使用的难度相对较高，法官在审理过程中容易面临两种困境，如果予以较重的刑罚，会造成被告人处于长期羁押的状态，对于被告人回归社会以及改造产生不利影响；同时被告人没有收入来源，在没有经济收入的情况下银行的欠款也很难追回。但是如果判罚较轻，则很难发挥法律的震慑作用，很难对这种情况进行有效制止，反而会助长被告人恶意透支的行为。这就需要司法人员在审理案件的过程中，必须从案情的实际情况出发，采用一种统筹兼顾的方式，合理利用法律所赋予的裁量权，实现社会效果与法律效果的有机结合，进而做到社会利益的动态平衡。此外，针对信用卡透支犯罪，法官要在法律量刑刑罚之外寻找可能的解决方法，其目的就在于促使被告人尽快还清欠款。

参考文献

［1］李有星．金融法研究［M］．杭州：浙江大学出版社，2022.

［2］罗艾筠，郭耀峰．金融法理论与实务（附微课 第4版）［M］．北京：人民邮电出版社，2022.

［3］谷慎．金融法教程［M］．西安：西安交通大学出版社，2020.

［4］乌云陶丽．金融法［M］．呼和浩特：内蒙古大学出版社，2020.

［5］陶广峰．金融法［M］．北京：中国人民大学出版社，2020.

［6］马亮，方元．金融法［M］．北京：中国政法大学出版社，2020.

［7］韩龙．国际金融法［M］．北京：高等教育出版社，2020.

［8］郝慧．金融法［M］．北京：经济管理出版社，2019.

［9］樊永强．当代金融法研究与创新［M］．郑州：郑州大学出版社，2019.

［10］陈醇．金融法违约预防与违约处置制度研究［M］．北京：法律出版社，2019.

［11］何焰．全球化时代的国际金融法：发展特点与变革趋势［M］．武汉：湖北人民出版社，2019.

［12］李良雄，王琳雯．金融法［M］．北京：人民邮电出版社，2018.

［13］许凌艳．金融法基本理论研究［M］．上海：上海财经大学出版社，2018.

［14］黄健杰．当代金融法实务与创新研究［M］．长春：吉林出版集团股份有限公司，2018.

［15］郭英，张文辉．金融法［M］．北京：清华大学出版社，2018.

［16］王明朗，卿娜，郑绿峰．金融法原理与实务研究［M］．北京：九州出版社，2018.

［17］束景明，王燕华．金融法教程［M］．上海：立信会计出版社，2018.

［18］刘立平．国际金融理论与实务［M］．合肥：中国科学技术大学出版社，2018.

［19］周黎明．经济法理论与实务［M］．杭州：浙江大学出版社，2018.

［20］贾翱．金融法［M］．北京：人民邮电出版社，2017.

[21] 朱崇实，刘志云．金融法教程（第四版）[M]．北京：法律出版社，2017.
[22] 陈笑影，束景明，王燕华．金融法 [M]．上海：上海大学出版社，2016.
[23] 高祥．金融法热点问题研究 [M]．北京：中国政法大学出版社，2015.
[24] 曹胜亮，张华．金融法 [M]．武汉：武汉大学出版社，2014.
[25] 海威，沈承红．金融法 [M]．北京：中央广播电视大学出版社，2014.
[26] 刘亚天．金融法概论（第二版）[M]．北京：中国政法大学出版社，2014.
[27] 张秀全，李智．新编金融法案例教程 [M]．上海：立信会计出版社，2014.
[28] 吴弘，李有星．金融法 [M]．北京：高等教育出版社，2013.
[29] 束景明，施一飞．金融法原理与运用 [M]．上海：立信会计出版社，2013.
[30] 陈云良．金融法 [M]．厦门：厦门大学出版社，2012.
[31] 包姝妹．金融法 [M]．长春：东北师范大学出版社，2012.
[32] 徐孟洲．金融法 [M]．北京：高等教育出版社，2012.
[33] 王丽华．国际金融法 [M]．北京：中国法制出版社，2012.
[34] 罗艾筠，刘洁．金融法理论与实务 [M]．北京：人民邮电出版社，2011.
[35] 祁群，杨忠孝．金融法 [M]．上海：复旦大学出版社，2000.
[36] 陈计．网络银行监管面临的挑战与应对策略 [J]．长春金融高等专科学校学报，2022（05）．
[37] 谢立志．信用卡恶意透支法律追责研究 [J]．经济研究导刊，2022（10）．
[38] 张静．论我国网络银行监管制度的完善 [J]．今日财富，2020（01）．
[39] 韩雅婷，尹菁菁．住房租赁资产证券化运作模式探究 [J]．合作经济与科技，2019（20）．
[40] 赵姿昂．我国场外金融衍生交易担保制度及其完善 [J]．期货及衍生品法律评论，2018，1（00）．
[41] 孙吟．我国场外金融衍生交易的法律问题研究 [J]．法制博览，2017，（01）．
[42] 张警予．恶意透支型信用卡诈骗罪问题研究 [D]．上海：华东政法大学，2021.
[43] 罗俊．住房租赁资产证券化法律规制研究 [D]．绵阳：西南科技大学，2022.
[44] 单佳琦．互联网保险合同法律效力研究 [D]．长春：吉林大学，2022.
[45] 冯颖超．银行存款账户法律性质研究 [D]．烟台：烟台大学，2020.
[46] 艾雪雯．国际金融衍生交易担保制度 [D]．重庆：西南政法大学，2007.